L'ASPERGER HP

Patrice Berrini

L'ASPERGER HP

Comment le repérer, le comprendre et l'accompagner

ISBN numérique : 979-10-405-8104-8
EAN papier : 9791040581055

Librinova

Courriel : contact@librinova.com
Internet : www.librinova.com

Introduction

Lorsqu'on évoque une personne atteinte du syndrome d'Asperger la plupart des gens pensent directement aux stéréotypes caractéristiques de l'autisme, c'est-à-dire une personne repliée sur elle-même, ayant des mouvements ritualisés et de grosses difficultés à communiquer. Parfois le syndrome d'Asperger est aussi associé à une hyper compétence dans un domaine comme Dustin Hoffman dans le film Rainman. Lorsqu'on recherche un peu sur internet, ce qu'on trouve sur l'Asperger correspond effectivement à ces clichés et la définition fréquemment donnée est « autisme sans déficience intellectuelle ».

Si cette représentation de l'Asperger correspond bien à certaines personnes, elle est en revanche beaucoup trop réductrice et exclut tout un pan de la population qui présentent certains symptômes à la fois proches et éloignés de ces stéréotypes. Le DSM 5[1] n'utilise d'ailleurs plus le terme Asperger mais parle de Trouble du Spectre Autistique (TSA), vu maintenant comme un continuum de symptômes plus ou moins marqués. L'autisme d'une manière générale apparait dans une famille de façon aléatoire. Il est maintenant reconnu que son origine est génétique, mais que l'apparition des symptômes est

---

[1] DSM 5 : manuel de référence pour les troubles mentaux

probablement multifactorielle, c'est-à-dire liée à la génétique et à certaines conditions environnementales.

Pourtant au travers des profils de personnes présentant certains traits spécifiques des asperger que j'ai rencontrées, j'ai pu constater dans quasiment tous les cas que ce profil se retrouvait chez au moins l'un des deux parents. Ces profils d'asperger n'étaient pas identifiés comme tels avant que je les rencontre, mais ce qui était au premier plan de leur démarche correspondait à un profond mal-être et un décalage vis-à-vis de la société. Tous présentaient une hypersensibilité très importante, à la fois émotionnelle et sensorielle, qui était au cœur de leur problématique. J'ai pu également remarquer chez ces personnes qu'elles présentaient beaucoup de points communs avec le profil des personnes à Haut Potentiel (HP), en particulier cette hypersensibilité.

Il semblerait donc qu'il y ait deux « souches » asperger : l'une correspondant au stéréotype connu de l'asperger autiste selon la version du DSM-4 et qui apparaitrait ponctuellement dans une famille, et une autre moins connue, l'asperger HP, qui serait liée à une hypersensibilité envahissante et qui serait héréditaire. On peut aussi bien sûr envisager que ces deux catégories correspondent à deux pôles d'un même continuum.

Quoiqu'il en soit c'est à cette deuxième catégorie d'asperger HP que nous allons consacrer cet ouvrage, cette catégorie peu connue de personnes, souvent en souffrance psychologique, qui se sentent incomprises d'un système qu'elles ne comprennent pas elles-mêmes. J'ai eu l'occasion au cours de ma vie, et plus récemment grâce à mon métier de thérapeute, de rencontrer et de discuter avec de très nombreuses personnes présentant ce profil. Au cours de milliers d'heures de discussions, j'ai appris à les comprendre, à mieux affiner ce profil, ou plutôt ces profils (car ils sont multiples) et à en tirer une certaine connaissance, forcément provisoire car évolutive, permettant de les accompagner dans leur quête d'identité et dans la construction d'un environnement de vie dans lequel ils pourraient vivre plus apaisés.

Ce qui va suivre n'est que le fruit de mes observations et n'a pas pour vocation de se substituer aux recherches en cours sur le sujet ou à établir une vérité absolue. Il s'agit simplement d'un recueil de ce que j'ai pu comprendre à ce jour dans le but de le partager avec toute personne intéressée par le sujet ou confrontée à cette problématique, sur un plan personnel ou professionnel.

Première partie
Les personnes à Haut Potentiel

Qu'est-ce qu'une personne à Haut Potentiel ?

Là encore les stéréotypes ont la vie dure ! Lorsqu'on pense à un HP, on imagine une personne surdouée, première de la classe, qui a réponse à tout. Il y a certaines personnes correspondant à ce stéréotype, c'est vrai... pourtant, d'après la littérature sur le sujet, 30 à 40% des enfants à haut potentiel seraient en échec scolaire. Le côté HP d'une personne n'a donc rien à voir avec une quelconque réussite scolaire ou professionnelle, c'est un profil de personnalité que l'on peut rencontrer dans n'importe quelle catégorie socio-professionnelle.

Une personne HP présente avant tout une particularité physiologique. Il va falloir dans un premier temps s'intéresser au fonctionnement du cerveau. Dans votre cerveau vous avez des dizaines de milliards de neurones qui sont connectés les uns aux autres par une sorte de « câble » qui s'appelle l'axone et qui correspond en fait à la « queue » du neurone. Lorsque vous pensez, réfléchissez, ressentez, bougez, ce sont des millions de neurones qui interagissent les uns avec les autres à chaque instant et qui communiquent entre eux par un signal électrique passant par ces axones. Ces câbles sont recouverts d'une petite couche de graisse qui s'appelle la « gaine de myéline », sa fonction étant d'isoler l'axone pour permettre l'acheminement du signal électrique.

Et bien, d'après les neurosciences, un HP c'est avant tout une personne qui possède une gaine de myéline un peu plus épaisse que la normale. Les câbles sont mieux isolés, donc le courant électrique va plus vite que la normale, environ 2 à 3 fois plus vite selon certaines études. C'est essentiellement cette particularité qui définit une personne HP. *En résumé une personne HP est quelqu'un qui a un cerveau qui fonctionne beaucoup plus vite que la normale.*

Qu'est-ce que cela induit ? Effectivement, sur le plan apprentissage et cognition cela peut aider et être potentiellement très efficace, dans la mesure où les réseaux de neurones se forment plus vite et où la pensée est plus rapide. Le problème est que le cerveau gère aussi la partie émotionnelle de l'individu, et c'est là qu'il peut y avoir quelques soucis. La partie émotionnelle est également suractivée et pour peu que l'environnement de la personne soit chargée émotionnellement, cette partie émotionnelle peut prendre beaucoup de place, voire toute la place, et la partie apprentissage ou cognition passe alors au second plan. Cela explique pourquoi on retrouve de très nombreux élèves présentant le profil à haut potentiel en situation d'échec scolaire.

On parle aussi souvent, plus récemment, de personne HPI ou HPE, le « I » étant pour intellectuel et le « E » pour émotionnel. Selon moi la distinction n'est pas utile car on parle bien du même moteur cérébral à l'origine. Vous prenez un enfant HP qui évolue dans un environnement idéal avec des parents bienveillants, des professeurs à l'écoute, des amis adorables... oui dans ce cas il pourra développer le côté intellectuel sans problème. Mais vous prenez le même enfant dans une famille toxique avec un père violent et une mère alcoolique, avec du harcèlement scolaire dès l'école primaire : cet enfant HP sera tellement submergé par des émotions négatives qu'il est fort peu probable qu'il arrive à développer son côté intellectuel.

Pourtant c'est le même cerveau à la base : la seule différence repose dans l'environnement de cet enfant.

Ce qu'il faut bien comprendre, c'est qu'une personne HP sera forcément hypersensible par son fonctionnement cérébral. Je sais que le terme d'hypersensibilité est de plus en plus à la mode et de ce fait parfois dénigré ou moqué. Il n'en reste pas moins que certaines personnes le sont réellement et que cette hypersensibilité est pour elles parfois très envahissante dans leur quotidien.

À ma connaissance le haut potentiel et l'hypersensibilité correspondent à un même mode de fonctionnement cérébral. Toutes les personnes que j'ai rencontrées qui présentaient les caractéristiques de l'hypersensibilité correspondaient à ce mode de fonctionnement cognitif et leur histoire de vie justifiait la suractivation de la partie émotionnelle. Inversement toutes les personnes officiellement diagnostiquées à haut potentiels que j'ai rencontrées présentaient également un mode de fonctionnement hypersensible. Ce qui compte n'est pas de mettre ce genre de profil sur un piédestal en se raccrochant au stéréotype de « l'intellectuel », mais de comprendre les particularités de ce mode de fonctionnement psychique pour donner du sens à ce que ressent la personne, bien souvent en souffrance.

Une autre particularité des personnes présentant le profil HP est une hypersensibilité sensorielle. Elle touche en général un ou deux sens, mais parfois on retrouve une hypersensibilité pour les cinq sens.

Selon mon expérience, les deux sens les plus communs parmi ce genre de profil sont l'ouïe et l'odorat ; on trouve après, par ordre de prévalence, la vue et le toucher, puis plus rarement le goût.

Voici quelques exemples de manifestations de ces hypersensibilités sensorielles, sachant qu'une personne peut, bien sûr, ne ressentir que certaines de ces particularités.

Hypersensibilité auditive :

- la personne a du mal à supporter le bruit ou ne supporte pas certains bruits bien spécifiques,
- la personne possède une ouïe très fine, capable de discerner certains sons que la plupart des gens n'entendent pas (particulièrement dans les hautes fréquences comme les sons émis par certaines lumières LED ou néons),
- la personne est particulièrement sensible à la musique, certains morceaux générant chez elle des émotions très intenses. Parfois elle a l'oreille absolue ou est capable de décomposer un son complexe.

Hypersensibilité olfactive :

- la personne ne supporte pas certaines odeurs spécifiques (plus que la normale),
- la personne est capable de discriminer très finement certaines odeurs que les autres ne perçoivent pas,
- plus rarement, la personne perçoit assez finement les odeurs, mais l'odeur ressentie ne correspond pas à ce que les autres sentent (par exemple sentir une odeur de pomme alors que dans l'assiette c'est de la sauce tomate).

Hypersensibilité visuelle :

- la personne est particulièrement sensible aux lumières vives (plus que la normale). Ces sources lumineuses peuvent générer des maux de tête ou des éblouissements passagers. Par exemple la lumière des LED, un mur blanc éclairé par le soleil, un ciel couvert de nuages mais blanc comme en hiver.

Hypersensibilité tactile :

- la personne ne supporte pas de toucher certains matériaux qui ne posent pas de souci à la plupart des gens, comme le bois, le polystyrène, certains tissus comme le coton ou le velours,
- la personne au contraire est particulièrement attirée par certains matériaux (en général certains tissus assez doux),
- la personne ne supporte pas le contact de certains vêtements,
- la personne a une hypersensibilité thermique : elle ne supporte pas la chaleur ou le froid. Ce doit être réellement en dehors de la normale, comme lorsque la personne se sent bien en tee-shirt à l'extérieur alors qu'il fait une température de 12°C.

Hypersensibilité gustative :

- la personne ne supporte pas certains goûts spécifiques qui ne posent généralement pas de souci aux autres (par exemple ne pas supporter la sauce tomate),
- la personne ne supporte pas certaines textures de nourriture qui ne posent pas de souci aux autres (par exemple ne pas supporter la peau des pêches),
- la personne est capable de discriminer finement la composition d'un plat en énumérant chacun de ses composants.

Il est bien entendu que la présence des hypersensibilités sensorielles peut être très variable d'un HP à l'autre. De plus certaines problématiques physiques peuvent inhiber une hypersensibilité sensorielle potentiellement présente. Par exemple une surdité partielle ou la présence d'acouphènes peut très bien masquer une hypersensibilité auditive.

En synthèse, un HP est une personne qui a un cerveau qui fonctionne beaucoup plus vite que la normale. On retrouve une vitesse de pensée très élevée et parfois encombrante, une hypersensibilité émotionnelle et certaines hypersensibilités sensorielles. La variabilité des profils est la conséquence de différences physiologiques et de l'histoire de vie de la personne.

La construction sociale du HP

D'une façon générale le HP se sent différent des autres, avec là encore une grande variabilité dans ce ressenti en fonction de l'environnement social et familial dans lequel la personne a grandi. Cette différence se ressent souvent dès l'école primaire. C'est l'âge où les premiers groupes sociaux se forment, les interactions entre enfants ne se limitent plus aux partages de jeux dans une classe de maternelle mais se complexifient. L'enfant HP ne se reconnait souvent pas dans ces groupes, il ne s'identifie pas à eux, il ne partage pas la même maturité, la même façon de voir les choses, les mêmes centres d'intérêt parfois. Mais surtout il ne partage pas la même sensibilité : toujours cette sensibilité qui est au premier plan du profil HP.

Comme le HP ne se reconnait pas dans ces groupes, en général il se retrouve isolé et bien souvent devient la cible de ces mêmes groupes. Malheureusement c'est un phénomène social bien connu : le groupe se consolide en « écrasant » ceux qui sont en dehors du groupe. L'enfant HP est donc souvent la cible de moqueries, de stigmatisations, de harcèlement et même parfois de violence physique dans l'environnement scolaire. Il se peut cependant que certains enfants HP ne connaissent pas cet isolement. Certains, justement pour ne pas être isolés, font l'effort de se mêler à un groupe même s'ils n'y trouvent que peu d'intérêt. D'autres évoluent dans un environnement favorable et limitant cet effet de groupe, comme un enfant ayant fait toute son école primaire dans une petite école de campagne avec une classe unique de 15 élèves.

Même en cas d'intégration partielle dans un groupe social, l'enfant HP se sent différent. Cette différence, ce sentiment de ne pas être accepté au sein d'un groupe, est interprété la plupart du temps par « je suis nul », et ce même si la réussite scolaire est présente. Sans autre explication c'est souvent celle-là qui prime, induisant une construction identitaire fragile. L'estime de soi se construit principalement au travers du regard des autres, et lorsque ce regard vous renvoie une image négative, il est vraiment compliqué d'apprécier ce que l'on est.

L'enfant HP est donc la plupart du temps assez seul, mais il arrive qu'il trouve quelques compagnons d'infortune qui, comme lui, se trouvent rejetés des groupes. Il y a entre eux une attirance, une affinité et bien souvent ces amitiés-là durent assez longtemps, parfois jusqu'à l'âge adulte. Et bien ces compagnons d'infortune sont bien souvent HP eux aussi. **Les HP s'attirent mutuellement**. Ce qui les attire c'est cette sensibilité commune, cette profondeur dans les discussions. Lorsque deux HP communiquent ensemble, cela leur donne comme de l'oxygène, une nourriture qu'ils ne retrouvent pas vraiment dans les autres échanges sociaux.

Et ce phénomène poursuivra le HP tout au long de sa vie. Il peut partager des centres d'intérêt avec d'autres personnes, apprécier certaines activités communes, mais les échanges semblent souvent assez « plats », presque sans saveur. Avec un autre HP par contre, il retrouve cet oxygène qui le nourrit et qui est indispensable à son bien-être psychique.

Le profil HP est génétique

C'est l'épaisseur de la gaine de myéline qui induit un fonctionnement cérébral spécifique du profil HP, l'origine de cette particularité est donc génétique. Concrètement si une personne est HP alors forcément un de ses parents l'est aussi. Dans la mesure où les HP s'attirent, il est même probable que les deux parents le soient. Dans ce cas, les frères et sœurs de la personne le sont certainement aussi.

En fait quand vous avez un HP, il y en a forcément d'autres dans son entourage, que ce soient des amis proches ou de la famille.

Attention toutefois à ne pas se laisser duper par le stéréotype : ce n'est pas le niveau d'étude ou la réussite professionnelle qui doit alerter forcément sur un éventuel profil HP. Il faut chercher avant tout la grande sensibilité de la personne. Cette sensibilité peut également être réprimée par l'environnement social dans lequel a grandi le parent. Prenons l'exemple d'une personne HP de 35 ans avec un père agriculteur de 75 ans. Il est possible que ce père soit HP même s'il a une personnalité très froide, distante et peut-être même agressive. Il faut bien comprendre que la possibilité d'exprimer son hypersensibilité pour un garçon dans un milieu rural d'il y a 75 ans était probablement plus que limitée. Ce père peut donc être aussi un hypersensible mais qui s'est construit en inhibant cette sensibilité, tout du moins dans son expression vis-à-vis de ses proches. Certains signes cependant laissent toujours apparaitre cette sensibilité dans certaines situations. En général l'enfant HP sait lequel de ses parents est un hypersensible, même si cet aspect est discret.

Les deux nourritures fondamentales d'une personne ayant un profil HP

La nourriture intellectuelle

Une personne HP a son cerveau qui fonctionne à toute vitesse. Il se lasse généralement assez vite de certaines activités lorsqu'il en a fait le tour. Il cherche donc généralement à stimuler son cerveau par de nouvelle choses, que ce soit au niveau de ses loisirs comme de son activité professionnelle. Cela ne veut pas dire qu'il va en changer tous les quatre matins non plus, mais un profil HP a réellement besoin d'être alimenté par de la nouveauté pour vraiment s'épanouir. Quand je parle de nourriture intellectuelle, il ne s'agit pas forcément d'un contenu universitaire : toute activité, même manuelle, créative, artistique pourra apporter cette nourriture nécessaire à l'équilibre du HP.

La nourriture sociale et affective

De même, une personne HP aura besoin d'alimenter sa sensibilité avec des relations sociales et des relations affectives. Cet aspect est sans doute même plus important encore que la nourriture intellectuelle. Je distingue la nourriture sociale, qui peut correspondre à celle apportée par tout échange humain quel qu'en soit le cadre (professionnel, amical, loisirs, ...), de la nourriture affective, qui elle ne peut être apportée que par des relations très proches : relations amoureuses, amis très proches, famille proche.

Une personne ayant le profil HP aura besoin de cette nourriture comme une plante a besoin d'eau pour survivre. Sans elle, elle risque de se faner purement et simplement. L'absence de relations sociales et/ou affectives est souvent la cause de dépression et de repli sur soi pour des personnes hypersensibles, encore plus que pour des personnes ne présentant pas cette particularité.

La construction identitaire du HP

La construction identitaire dans l'enfance et l'adolescence repose surtout sur le regard des autres. On construit son image à travers ce que nous renvoient les personnes qui nous entourent. Le regard des parents est bien sûr fondamental, mais celui de ses pairs l'est également. Or justement, nous avons vu qu'il y a souvent un décalage, parfois important, entre une personne HP et son entourage social, en particulier dans l'environnement scolaire. L'enfant ou l'adolescent HP ne se reconnait pas dans les groupes que constituent ses pairs, et souvent il vit mal ce décalage. Il ne comprend pas vraiment pourquoi il n'est pas accepté, pourquoi les autres semblent apprécier telle ou telle activité et pas lui.

L'explication la plus simple qu'il peut trouver sans une aide extérieure est « si on ne m'accepte pas, si je n'arrive pas à m'intégrer parmi les autres c'est que je suis nul ». Ce sentiment de nullité se retrouve malheureusement souvent chez beaucoup de personnes présentant ce profil HP, et ce quelle que soit la réussite scolaire ou professionnelle, même si la personne est particulièrement brillante dans un domaine spécifique. Il me semble donc très important pour les personnes présentant ce profil d'avoir accès à l'explication de qui ils sont et de leur fonctionnement. Je ne parle pas de « diagnostic » ou d'un quelconque test de Quotient Intellectuel, malheureusement un peu trop à la mode ces derniers temps. Faire passer un WAIS[2] ou un WISC[3], avoir un « score de QI » et repartir sans autre explication n'apporte strictement rien à la personne présentant une image de soi dégradée par le regard de ses camarades de classe.

Ce qui compte c'est réellement l'explication de sa particularité, comprendre pourquoi elle est décalée et surtout comprendre qu'elle n'est pas seule dans ce cas. Pour s'aimer, je pense qu'il est fondamental de se connaître et de comprendre ses forces et ses faiblesses. Cette connaissance doit également être assimilée par les proches de la personne, pour qu'enfin elle se sente comprise et acceptée dans sa différence. Alors seulement ce sentiment de décalage ne sera plus un problème majeur et la personne HP pourra se construire une identité positive reposant sur des bases saines.

[2] Test de QI pour les adultes
[3] Test de QI pour les enfants

Une particularité chez la personne HP : l'hypermnésie

Cette particularité ne concerne qu'un petit nombre de personnes HP, de part ce que j'ai pu observer je dirais environ 10% des HP. Pour une personne hyper mnésique le temps n'altère pas la puissance des souvenirs. *Pour elle, un évènement de vie qui s'est passé il y a 20 ans sera revécu de la même manière, lorsqu'elle évoque ce souvenir, que si cela s'était passé il y a deux jours.*

Cette « super mémoire » peut la plupart du temps concerner la composante visuelle du souvenir, mais les autres sens peuvent également être activés lors de son évocation, comme le toucher ou l'odorat par exemple. Pour certains hyper-mnésiques, les cinq sens sont concernés lorsqu'ils évoquent des souvenirs.

Cette particularité est à la fois une bénédiction et une malédiction pour la personne HP. Lorsqu'il s'agit de bons souvenirs, elle est capable de les revivre intégralement et avec une intensité que la plupart des gens ne pourront jamais ressentir. C'est comme si elle avait un album photo dans la tête et qu'il suffisait de choisir une photo pour se replonger dans le tableau et revivre la scène.

En revanche, lorsqu'il s'agit d'un mauvais souvenir, voire d'un traumatisme, la situation est identique : dès que la personne est confrontée à une situation qui lui rappelle ce souvenir (un objet, un lieu, une parole...), elle revit la scène, encore et encore, parfois avec plusieurs composantes sensorielles, sans pouvoir mettre de la distance avec son traumatisme au fil du temps. C'est particulièrement éprouvant pour la personne, d'autant plus du fait de son hypersensibilité.

Une personne souffrant de cette particularité peut être dans une dépression dont il est très compliqué de sortir, car les thérapies « classiques » qui consistent à parler de son traumatisme ne font parfois que rouvrir une blessure ayant énormément de mal à se refermer malgré les années.

Le conseil que je peux donner dans ce genre de situation est de sélectionner dans sa mémoire deux ou trois bons souvenirs qui apportent de la joie, de la gaité et de l'apaisement. Il faut s'entraîner à invoquer ces bons souvenirs pour masquer les mauvais souvenirs qui tentent de s'imposer à sa conscience régulièrement. C'est comme une belle photo qui vient remplacer la photo anxiogène. Ainsi la personne peut apprendre à mieux gérer les montées négatives émanant de ses mauvais souvenirs ou de son traumatisme.

Comment détecter une personne présentant un profil HP ?

Dans cette partie je vais développer les différentes questions que je pose dans ma pratique pour repérer si une personne présente un profil HP. Il n'y a pas vraiment d'ordre dans les différentes questions.

Je nuancerai aussi les différentes réponses possibles car bien sûr l'expérience de vie de la personne, son âge et son état psychologique au moment des questions peuvent influencer les réponses.

> *Est-ce que vous avez toujours l'impression d'avoir un cerveau qui fonctionne à 400 à l'heure, d'être toujours en train de réfléchir à quelque chose, en particulier le soir avant de vous endormir ?*

Une personne HP répondra quasiment tout le temps « oui » à cette question. Dans certains cas il peut cependant y avoir un biais, par exemple lorsque la personne est en dépression ou qu'elle a un traitement médicamenteux qui induit une certaine léthargie cognitive. Dans ce cas il est bon de préciser que la question ne concerne pas seulement les dernières semaines ou derniers mois mais d'une façon générale la façon de penser d'avant la dépression.

Une personne qui pratique la méditation peut également avoir appris à canaliser cette effervescence de pensée et à ne plus ressentir cette hyperactivité cognitive. Cet élément est donc également à prendre en compte dans la réponse de la personne.

Est-ce que vous avez l'impression d'être hypersensible sur un plan émotionnel ?

La réponse attendue est également « oui ». Parfois il peut être utile de préciser ce que l'on entend par émotionnellement hypersensible. Ça peut être de pleurer devant un film ou une série mais pour des choses qui ne devraient pas normalement nous faire pleurer, être très sensible à la souffrance des autres, voire difficilement la supporter.

Ça peut être d'être une éponge émotionnelle à tout ce qui entoure la personne. Lors d'une soirée où il y a une ambiance tendue avec les convives, la personne peut ressentir l'atmosphère comme particulièrement pesante et avoir besoin de s'isoler ou de partir.

La personne peut également donner sa propre définition de sa sensibilité et l'illustrer de ses propres exemples, mais en général une personne sait si elle est hypersensible ou quand elle ne l'est pas.

Est-ce que vous avez un sentiment de décalage vis-à-vis des gens en général ? Est-ce que vous trouvez la plupart des gens plutôt fades, superficiels, sauf quelques-uns avec qui lors d'une discussion, vous avez une impression d'oxygène dans la conversation, et ce depuis l'école primaire ou le collège ?

La majorité des HP vont se reconnaître dans cette question. Il faut cependant nuancer les réponses, en particulier en ce qui concerne le sentiment de décalage ou de mise à l'écart durant les années d'école primaire. Un enfant ayant fait sa scolarité dans une petite école de campagne avec une classe unique de 18 élèves pourra facilement se sentir faire partie de cette petite communauté. En revanche ce sentiment de décalage peut exister en tant qu'adulte.

Un autre cas de figure qui peut masquer ce sentiment de décalage est le cas où l'adulte est entouré d'un groupe d'amis qui le suit depuis de nombreuses années : dans ce cas encore la personne ne sentira pas particulièrement un sentiment de décalage dans la mesure où il a construit un environnement social autour de lui qui lui convient. Il est donc important de comprendre le contexte social dans lequel la personne a évolué. On peut éventuellement préciser la question en parlant d'un sentiment de décalage vis-à-vis des gens en général, avec des personnes peu fréquentées, dans le cadre d'activité extraprofessionnelle par exemple.

Est-ce que l'injustice est quelque chose de difficilement supportable pour vous ?

Personne n'apprécie l'injustice en général, en particulier lorsqu'on en est la cible. Mais une personne présentant un profil HP y sera particulièrement sensible, y compris lorsque l'injustice touche une personne extérieure à son cercle de connaissance. Certains HP peuvent même se mettre en danger ou agir contre leurs propres intérêts lorsqu'ils sont témoins d'une situation injuste afin d'essayer de contrer cette situation.

Est-ce que vous avez peu confiance en vous, mais paradoxalement lorsque vous voulez quelque chose vous y arrivez la plupart du temps ?

La plupart des personnes à profil HP se reconnaitront aussi dans cette question. En fonction de l'histoire de vie de la personne, de la façon dont elle s'est construite, il se peut cependant que la personne se soit construit une carapace dans certains domaines, notamment dans la sphère professionnelle. Il ne s'agit pas d'un critère *sine qua none* pour définir un profil HP, mais plutôt d'une caractéristique que l'on rencontre assez souvent.

Le manque de confiance en soi est assez fréquent chez les HP, en raison de ce décalage social qu'ils ont expérimenté dans leur enfance et/ou adolescence, au moment de leur construction identitaire.

Est-ce que vous êtes de nature impatiente et est-ce que vous vous lassez assez rapidement des choses que vous faîtes au bout d'un moment, quand vous en avez fait le tour ?

Ces traits de caractères se retrouvent également souvent chez les personnes de profil HP. Une réponse négative à cette question ne remet pas en cause la présence de ce profil : la personne peut très bien pratiquer la méditation, avoir réussi à calmer une certaine forme d'impatience ou même ne pas ressentir cette impatience du fait d'un traitement antidépresseur qu'elle prend depuis plusieurs années.

Est-ce que vous avez des hypersensibilités sensorielles ?

Il faut en général préciser la question en déclinant les cinq hypersensibilités possibles.

> *Au niveau auditif, est-ce que vous êtes particulièrement sensible aux bruits, par exemple aux fréquences émises par certaines LED, au brouhaha des discussions ? Ou parvenez-vous à repérer certains sons que la plupart des gens n'entendent pas ?*
>
> *Au niveau olfactif, est-ce que vous êtes particulièrement agressé par certaines odeurs qui ne semblent pas déranger les autres ou au contraire est-ce*

que vous êtes sensible à certaines odeurs que d'autres ne remarquent pas ?

Au niveau visuel, est-ce que les lumières vives vous incommodent particulièrement ? Par exemple un mur blanc éclairé par le soleil, les phares des voitures en pleine nuit ?

Au niveau tactile, est-ce que vous ne supportez pas de toucher certains matériaux ou au contraire est-ce que vous appréciez particulièrement toucher certains matériaux ? Etes-vous particulièrement sensible au froid ou à la chaleur ?

Au niveau gustatif, est-ce que vous avez une aversion pour certaines textures d'aliments ou certains goûts bien spécifiques ? Est-ce que vous avez la capacité à discriminer assez finement les différentes composantes d'une sauce par exemple ?

La présence des hypersensibilités sensorielles chez les personnes de profil HP peut varier d'un profil à l'autre. Il est assez rare de trouver les cinq hypersensibilités chez une même personne mais cela peut arriver. L'absence d'une hypersensibilité ne veut pas dire que la personne ne correspond pas au profil. Il faut également prendre en compte l'âge de la personne et les pathologies sensorielles éventuelles qu'elle peut avoir.

Légitimité et intérêt du « diagnostic » pour une personne ayant un profil HP

Selon ma propre expérience, la liste des questions présentées juste avant (avec une interprétation appropriée) permet de repérer une personne ayant ce profil HP, ou en tout cas un profil HP spécifique. Les tests de QI classiques (WAIS, WISC) évaluent une certaine forme d'intelligence qui dépend en partie de l'expérience scolaire dont a bénéficié la personne. Même si le psychologue faisant passer le test peut nuancer les réponses en fonction de l'état ressenti de la personne, une dépression passagère, un trouble d'apprentissage non identifié, un état psychique particulier, peuvent fausser le résultat d'un test « officiel ». Parfois la disparité des scores de QI (compréhension verbale, raisonnement perceptif, mémoire de travail et vitesse de traitement pour le WISC 4 par exemple) lors d'un test est importante et dans ce cas la seule réponse apportée au patient est « on ne peut pas conclure ». Parfois également la conclusion d'un test est uniquement un score et un positionnement sur la courbe de Gauss[4] représentant la répartition du QI ... Je ne pense pas que ces informations aident réellement la personne à mieux se connaître, se comprendre et à donner du sens à ce qu'elle ressent depuis toujours.

Ces tests officiels ont leur utilité, mais ils servent essentiellement à repérer des profils HPI selon le stéréotype bien établi. Ils ne permettent pas de repérer ceux qui ont un mode de fonctionnement différent malgré

---

[4] Courbe de Gauss : diagramme en forme de cloche. Pour le QI, la moyenne est centrée sur un QI de 100, avec 2,3% de la population ayant plus de 130 ou moins de 70 de QI

un « moteur » similaire à celui des HPI. Je parle essentiellement de ces personnes ayant un cerveau qui bouillonne en permanence, qui sont parfois submergées par leurs émotions et qui ne comprennent pas ce sentiment de décalage vis-à-vis d'une bonne partie de la population.

Le questionnaire que je propose ne se substitue pas aux tests officiels, il n'a surtout pas la même visée thérapeutique. L'objectif n'est pas ici de situer « l'intelligence » de la personne sur une échelle de la population française, mais de lui permettre de mieux comprendre son mode de fonctionnement, de donner du sens à ses ressentis et aux interrogations qu'elle se pose depuis parfois longtemps. Ce sens peut lui permettre d'étayer une estime de soi défaillante, de mieux appréhender sa relation aux autres et d'une façon générale s'inscrit dans une quête d'identité ayant comme objectif final l'épanouissement de la personne.

Deuxième partie
Comprendre et repérer un asperger HP

Définition de l'asperger HP

Nous venons de voir que l'hypersensibilité était au cœur même de la vie quotidienne d'une personne ayant un profil HP. Beaucoup de ces personnes ayant ce profil sont des éponges émotionnelles vis-à-vis de leur environnement : ils ressentent les tensions entre personnes, le mal-être qui émane de certaines personnes, les sons et parfois les odeurs de leur environnement de façon assez vive.

Imaginons maintenant une personne qui vivrait ces mêmes choses mais de façon encore plus intense. Une sorte d'hypersensible encore plus hypersensible que les hypersensibles! L'environnement d'une telle personne peut rapidement devenir trop envahissant, voire insoutenable sur un plan émotionnel, et ce depuis son plus jeune âge. Cette personne n'aura d'autre choix pour évoluer dans un tel environnement que de s'en protéger pour mieux le supporter. Elle va donc construire inconsciemment une « armure anti-émotion » qui va la protéger de ce monde trop anxiogène.

Cette armure va la protéger, c'est vrai, mais aussi l'encombrer. Imaginez une armure complète de chevalier de la Renaissance : voir à travers ce genre d'armure peut être très compliqué. En l'occurrence il s'agit dans ce cas de voir les émotions. Cette personne aura donc du mal à percevoir l'état émotionnel d'une autre personne. Elle pourra toutefois interpréter les émotions de l'autre par une analyse physiologique et comportementale (un sourcil qui se lève, un sourire, les yeux qui se plissent...), mais elle n'aura pas accès au ressenti des émotions émanant de l'autre : son armure anti-émotion bloquera cette information.

Se voir, observer son corps à travers une armure de chevalier n'est également pas possible. Son armure anti-émotion l'encombrera donc également pour percevoir ses propres émotions : c'est là que se situe le cœur de la problématique de cette personne. Elle aura du mal à savoir ce qu'elle aime vraiment, ses ressentis émotionnels ne lui sont que partiellement (et parfois pas du tout) accessibles. Par exemple elle va savoir qu'elle a une angoisse, mais le pourquoi de cette angoisse reste bien souvent inaccessible. La réponse à la question « comment ça va ? » est aussi souvent automatique car la personne a appris qu'il fallait répondre « ça va et toi ? », mais elle ne sait pas réellement comment elle se sent à ce moment précis.

Faire des choix est très compliqué en général : la personne peut analyser parfaitement toutes les possibilités qui lui sont offertes, mais une fois que tout est analysé, le choix se fait par rapport à son ressenti, et comme elle n'y a pas accès, elle reste bloquée devant l'ensemble des possibilités sans pouvoir choisir. Cela peut être compliqué au point d'être incapable de choisir dans quel restaurant elle voudrait aller manger un soir lorsqu'on lui pose la question. Parfois cependant la personne arrive à faire un choix devant l'ensemble des possibles, mais dans ce cas elle choisit paradoxalement plus ou moins au hasard. C'est-à-dire qu'elle va passer un certain temps à tout analyser, et devant tous les choix possibles elle en prendra un par défaut en se disant « de toute façon il faut bien en choisir un », sans savoir si ce choix correspond à une satisfaction pour elle.

Se projeter dans l'avenir présente également une difficulté importante pour ce genre de profil. En effet, imaginer une situation nouvelle nécessite de visualiser la situation, l'environnement, nécessite de se voir dans cet environnement et surtout d'imaginer ce qu'on va ressentir dans cet environnement : est-ce qu'on va se sentir bien, pas bien, stressé, etc. Or la personne asperger HP n'a pas accès à ses ressentis, donc elle ne pourra pas savoir si cette nouvelle situation imaginée lui conviendra ou pas, si cela l'angoissera ou pas. Toute nouvelle situation est donc potentiellement anxiogène pour elle et elle cherchera généralement à éviter les situations nouvelles. La plupart du temps les asperger HP aiment une vie routinière, prévue à l'avance, sans trop de surprise. Un changement dans leur vie peut générer des angoisses importantes sans pour autant qu'ils arrivent à rattacher ces angoisses à ce changement.

Anabelle, 30 ans, vit avec son copain depuis maintenant 2 ans dans un petit appartement. Ils décident ensemble de déménager et de louer une petite maison plus grande que leur logement précédent. Le déménagement est prévu pour dans 2 mois et tout va bien dans la vie d'Anabelle. Pourtant au fur et à mesure que l'échéance du déménagement approche, que les cartons commencent à s'empiler dans l'appartement, Anabelle ressent des difficultés à s'endormir, le matin elle a la gorge serrée et plus le temps passe, plus les angoisses sont rapprochées et intenses, au point même d'être admise aux urgences trois jours avant ce fameux déménagement. Lorsqu'on lui demande ce qui l'angoisse elle n'en a aucune idée : elle est contente de changer de logement, la nouvelle maison lui plait et le déménagement est planifié dans les moindres détails. Le jour J, Anabelle est en stress intense, mais le soir même, dans sa nouvelle maison, elle se sent soulagée et ses angoisses ont totalement disparues.

Parler d'elle, de ce qu'elle ressent, de ce qu'elle pense sur tel ou tel sujet est aussi une problématique importante de la personne asperger HP. D'une part, comme nous venons de le voir, elle n'a pas complètement accès à ce qu'elle ressent, mais en plus ce genre d'information émise doit traverser son armure anti-émotion de l'intérieur vers l'extérieur. Pour ces raisons l'asperger HP est souvent une personne qui parle peu d'elle-même, de ce qu'elle pense vraiment. Elle peut être assez renfermée ou en tout cas n'aborder que des sujets consensuels et superficiels dans la discussion. Ce qu'elle appelle des relations amicales sont assez souvent superficielles ou relatives à une activité bien précise. Même dans un couple il peut être compliqué pour la personne asperger HP d'exprimer sa tendresse et son amour envers l'autre. Non pas qu'elle ne peut pas aimer, mais le simple fait d'exprimer un sentiment venant d'elle peut la submerger jusqu'à parfois générer des angoisses. Nous reparlerons des sentiments chez une personne asperger HP un peu plus loin dans cet ouvrage.

Les relations sociales sont très complexes pour l'asperger HP. En effet, dans une discussion entre deux personnes il y a différentes composantes faisant partie de la communication : les mots, l'intensité de la voix, la posture, mais aussi un flux émotionnel qui transite entre le locuteur et l'interlocuteur. Ce flux émotionnel nous renseigne sur l'état d'esprit de la personne avec qui l'on parle, sur la façon dont elle ressent ce dont on parle et sur son état émotionnel lorsqu'elle dit quelque chose. Pour l'asperger HP, ce flux émotionnel est plus ou moins bloqué par son armure anti-émotion. Imaginez que vous dialoguiez par écrit sur internet avec quelqu'un qui n'utilise pas de point d'exclamation, pas de smiley, aucun signe distinctif de son état émotionnel : c'est très compliqué de bien saisir le sens de ce qu'il dit et de l'interpréter comme il se doit. L'asperger HP vit les discussions avec les autres un peu de cette façon, à l'exception près qu'il sait analyser la posture de son interlocuteur et que le moindre changement physiologique peut le renseigner sur l'état d'esprit de l'autre. Son mode d'analyse de la discussion ne lui permet donc qu'une compréhension parfois partielle et dans tous les cas elle lui coûte beaucoup d'énergie et de concentration. On retrouve, de ce fait, souvent des difficultés dans la communication et une mauvaise interprétation des intentions venant des autres, parfois aussi une forme de décalage social dans certains contextes.

Pierre (Asperger HP) va déjeuner avec Paul, un ami qui vient de se disputer avec un collègue de travail. Lors du repas Paul exprime sur un ton assez énervé sa matinée de travail. Toujours sur ce même ton énervé, il demande à Pierre « Comment ça va toi ? ». Il est fortement probable que Pierre se sente agressé par le ton de Paul et le prenne pour lui : il risque d'interpréter ce ton comme si Paul lui en voulait de quelque chose et peut donc répondre également d'un ton sec sur un mode défensif. Une dispute peut naitre entre les deux amis uniquement par la mauvaise interprétation que Pierre a eu de l'attitude de Paul.

Cette énergie nécessaire à la compréhension d'une discussion est particulièrement handicapante lorsqu'il s'agit d'une discussion de groupe. Avec deux ou trois personnes, l'asperger HP peut arriver à suivre les indications physiologiques de ses interlocuteurs, mais dans une discussion avec un groupe de cinq ou six personnes, par exemple, il y aura trop d'informations à gérer, trop de sollicitations et notre asperger HP risque fort d'être rapidement submergé et de battre en retraite. Il est rare qu'un asperger HP ait suffisamment d'énergie pour tenir longtemps lors d'une soirée entre amis ou lors d'une réunion de travail regroupant beaucoup de personnes. Souvent il trouvera une méthode ou un prétexte pour s'éloigner de ce regroupement : aller fumer dehors, aller aux toilettes, s'isoler dans un coin... Ces évènements lui coûtent réellement énormément d'énergie et bien souvent il met une journée ou deux à s'en remettre.

Parfois cependant certains asperger HP arrivent à développer une forme de « bouclier social ». Ce bouclier leur permet d'aller se confronter au monde extérieur en se sentant protégés et donc sans que cela leur coûte trop d'énergie. Il s'agit d'une façon de se comporter avec les autres : ils ont compris que ce modèle fonctionnait et ils l'appliquent de façon systématique lorsqu'ils sont confrontés à des situations sociales qui les auraient submergés s'ils n'avaient pas ce bouclier. Il existe plusieurs formes de boucliers et nous y reviendrons en détail un peu plus loin dans cet ouvrage. On peut cependant citer à titre d'exemple le bouclier « hypersocial » de certains asperger HP. Même si cela peut sembler paradoxal, ce bouclier leur permet d'aller vers les autres, même dans le cas d'une soirée avec de nombreux amis. Souvent ils aiment même être au centre de l'attention en faisant des blagues ou en parlant du travail, en animant la soirée, l'humour faisant partie de ce bouclier social. Si on y fait bien attention, on remarque cependant que ce bouclier social est assez rigide et que l'asperger HP le manie de façon assez automatique, sans pouvoir s'adapter au contexte social auquel il doit faire face, en particulier sans tenir compte de l'attitude de l'autre. Il pourrait par exemple continuer son modèle d'humour dans une cérémonie d'enterrement, ce qui bien sûr serait totalement décalé.

Roger, 44 ans, est représentant dans une société qui fabrique et vend du matériel de ski. Il est passionné par la technique et les nouveaux matériaux constituant les produits qu'il vend. Lors d'une soirée d'anniversaire chez un groupe d'amis il amène comme à son habitude la discussion sur « le nouveau polymère révolutionnaire constituant la couche inférieure du nouveau modèle de ski monoplace » qui vient d'être commercialisé. Au bout d'une heure de monologue sur ce sujet ses amis sont particulièrement épuisés par cette discussion et ne comprennent pas que Roger continue encore et encore sur ce sujet alors que manifestement il n'intéresse personne.

Un dernier point important concernant l'asperger HP : il s'agit une particularité génétique, comme l'est le profil HP. Si une personne est asperger HP, il est sûr qu'au moins un de ses parents l'est également, ainsi qu'au moins un de ses grands-parents. De ce fait il n'est pas rare d'avoir plusieurs asperger HP dans une même fratrie ou, plus largement, dans une même cellule familiale. Les profils d'asperger HP au sein d'une même famille peuvent être similaires ou totalement différents selon la façon dont se sont construites les personnes. On retrouve cependant dans chaque profil la base de ce qui définit un asperger HP.

En résumé un asperger HP est une personne particulièrement hypersensible qui a besoin d'une protection contre les émotions de son environnement : cette protection le protège mais est un handicap dans ses interactions sociales ou dans l'accès à son propre monde émotionnel.

Cette asperger HP ne se rend pas toujours compte que sa passion pour la physique quantique n'en est pas une pour tout le monde !

La bulle de l'asperger HP

L'asperger HP se sent en décalage par rapport au monde qui l'entoure, par rapport à la société et même parfois par rapport à ses amis ou connaissances. Il évolue dans un monde qu'il ne comprend pas et maintient la plupart du temps une hypervigilance vis-à-vis de son environnement social. On peut imaginer qu'il met en place une sorte de bulle de protection sociale autour de lui : ce qui est en dehors de cette bulle représente un danger potentiel du fait qu'il ait du mal à le comprendre.

Toutefois, il est possible que certaines personnes arrivent à rentrer ***dans*** la bulle d'un asperger : dans ce cas il fera une confiance aveugle à ces personnes, sans se poser de question. Il pourra alors mettre son hypervigilance de côté et se sentir vraiment à l'aise avec ces personnes. Mais au moindre faux pas, au moindre geste qui viendrait heurter la sensibilité de l'asperger HP, la personne sera rejetée de la bulle et l'hypervigilance sera à nouveau au premier plan.

Il faut imaginer qu'un asperger HP se comporte émotionnellement comme un animal sauvage et blessé : pour l'approcher il faut faire preuve de beaucoup de douceur, de patience, aucun geste brusque, lui tendre la main et attendre que ce soit lui qui vienne vers vous. Dans ce cas vous pourrez interagir avec lui. Mais si vous faites ne serait-ce qu'un seul geste brusque, il se replie sur lui-même et vous devrez refaire votre travail d'approche avec encore plus de persévérance. Pour approcher un asperger HP il faut agir de même : avoir une voix posée, le moins d'expression émotionnelle vive, toujours lui proposer quelque chose en lui laissant le choix, ne jamais rien imposer de façon brutale, attendre que lui décide de faire ce que vous avez proposé et être patient. Il lui faut du temps pour y réfléchir.

Emma et Zoé sont deux asperger HP d'une trentaine d'années qui se sont rencontrées lors d'une formation il y a 2 ans et depuis le début de leur rencontre elles s'entendent à merveille. Elles se comprennent mutuellement sans que les mots aient besoin d'être prononcés : la relation est, pour ainsi dire, fusionnelle. Elles respectent la zone de confort l'une de l'autre, comprennent réciproquement les angoisses et les peurs que chacune peut ressentir dans certaines situations et se soutiennent à tour de rôle. Leurs échanges sont quotidiens et contribuent grandement à une certaine sérénité dans la vie de chacune. Pourtant un jour Emma rencontre un homme, Guillaume, et commence une relation amoureuse avec lui. Lors d'une soirée où se retrouvent Zoé, Emma et Guillaume, Guillaume fait une réflexion très déplacée à Zoé qui le prend très mal. Emma ne voit pas que cette réflexion, émanant de Guillaume en qui elle fait totalement confiance, peut heurter Zoé. Or Zoé ne comprend pas qu'Emma ne prenne pas sa défense dans cette situation, elle se sent trahie par son amie et profondément blessée. Depuis la relation entre Emma et Zoé s'est fortement détériorée. Zoé ne supporte plus certaines attitudes, comportements ou remarques de la part d'Emma qui ne posaient aucun souci avant cette fameuse soirée. Emma n'a plus sa place dans la zone de confiance de Zoé, elle est sortie de sa bulle, et de ce fait Zoé ne la comprend plus, comme la plupart des gens qui gravitent autour d'elle.

Il faut bien comprendre que lorsque vous êtes dans la bulle d'un asperger HP, vous avez un immense pouvoir sur lui. Il vous fait une confiance réellement aveugle et s'en remet à votre jugement lorsque le sien lui fait défaut. Cela représente une responsabilité très importante dont il faut avoir conscience. La moindre trahison, rejet, agressivité de la part d'une personne qui est dans sa bulle représente pour l'asperger un choc psychique très violent qui peut s'apparenter à un viol chez une personne normale.

Le fait d'être dans la bulle ou en dehors de la bulle d'un asperger HP conditionne donc une bonne partie de la relation que vous pouvez avoir avec lui. C'est en particulier très important lorsqu'il s'agit d'une relation entre un enfant ou un adolescent et ses parents. Le jeune asperger HP a besoin, plus que tout autre, de se sentir soutenu et compris dans ses particularités par ses parents. Pour peu qu'un des parents ait un tempérament plutôt agressif dans la manière de s'exprimer ou qu'il n'accepte pas certaines des attitudes du jeune asperger HP, il peut y avoir un conflit très important.

Baptiste est un jeune asperger de 12 ans. Il venait d'une petite école de campagne avec une classe de 15 élèves et vient cette année d'intégrer le collège de la ville dans une des cinq classes de 6ème où ils sont en moyenne 30 élèves par classe. La transition est très importante et Baptiste est particulièrement surchargé mentalement à la fin de sa journée de classe, d'autant plus qu'il a encore 30 minutes de bus pour rentrer chez lui. Sa mère lui demande un soir de ranger sa chambre mais Baptiste a besoin de rentrer dans son monde lorsqu'il est dans sa chambre, de régénérer de sa journée et même s'il répond un « oui oui » laconique, il ne range pas pour autant sa chambre. Sa mère interprète mal ce refus et hausse le ton, de plus en plus, jusqu'à crier sur lui et le menacer d'être puni. Baptiste vit cette altercation comme une agression de la part de sa mère. Si ce schéma se répète régulièrement pour différents motifs, il risque de se braquer contre elle et d'être encore moins réceptif à ses demandes. Après tout si elle ne le comprend pas, pourquoi ferait-il un effort pour elle ? La relation entre Baptiste et sa mère peut alors évoluer sur un mode conflictuel pour d'autres domaines puisqu'il ne lui fait plus confiance et qu'elle est en dehors de sa bulle.

Notre asperger HP (à gauche) interprète visiblement très mal les intentions de son ami (à droite)

Conséquences de l'hypervigilance chez les asperger HP

Le monde dans lequel évolue un asperger HP est anxiogène dans la plupart des cas. Il ressent donc de façon latente une certaine forme de danger ce qui induit cette hypervigilance. Or l'hormone du danger c'est l'adrénaline. Un asperger baigne donc, dans la grande majorité des cas, dans l'adrénaline avec les conséquences spécifiques à cette hormone.

En particulier, j'observe chez plus de 90% des asperger HP une fréquence cardiaque au repos entre 80 et 100 pulsations par minute, la norme étant plutôt entre 60 et 75 pulsations par minute pour une personne en bonne santé. Lorsque l'asperger est assez sportif, il peut cependant avoir une fréquence cardiaque tout à fait normale. Cette fréquence cardiaque élevée est la première conséquence de cette charge en adrénaline. C'est une des raisons également pour laquelle le sommeil est quasiment tout le temps un problème important chez les asperger. Essayez de vous endormir avec une fréquence cardiaque à 100 pulsations par minutes, correspondant à celle que l'on pourrait avoir en faisant un petit footing !

Une autre conséquence de la charge en adrénaline est une résistance assez importante à l'alcool. L'adrénaline est un inhibiteur des substances psychotropes. Vous avez bu une certaine quantité d'alcool lors d'une soirée et vous vous sentez éméché : si un danger immédiat survient, cela génère une poussée d'adrénaline et vous désaoulez tout de suite pour faire face au danger. Un asperger ayant constamment sa dose d'adrénaline sera donc naturellement résistant aux effets de l'ébriété. Même si tous ne correspondent pas forcément à ce schéma, la plupart ne ressentent que partiellement les effets de l'alcool. En général, ils sentent l'effet désinhibiteur de l'alcool dès le premier verre, et c'est d'ailleurs cet effet qui est recherché lors d'une soirée pour faciliter le contact avec les autres convives. En revanche, s'ils continuent à boire lors de la soirée, ils ne sentent pas d'autres effets ce qui peut poser problème car passée une certaine quantité d'alcool, ils peuvent s'écrouler ou faire des blackouts comme tout le monde. Malheureusement, n'ayant pas conscience de leur état d'ébriété, ils ne savent pas quand s'arrêter pour éviter cet état.

L'adrénaline est un inhibiteur des effets de l'alcool mais également des médicaments ayant un effet psychotrope, en particulier les anxiolytiques. Pour beaucoup d'asperger, la dose d'anxiolytique nécessaire pour calmer une angoisse est plus importante que chez un sujet normal : on peut atteindre des doses 2 à 3 fois plus élevées, la dose normale n'ayant pour ainsi dire aucun effet notable pour la personne. Le traitement médicamenteux pour un asperger ayant une anxiété importante ou faisant une dépression doit tenir compte de cette particularité éventuelle pour être efficace.

Enfin, l'adrénaline est également un inhibiteur de la douleur. Lorsque vous êtes en train de courir ou que vous êtes en stress important, si vous vous écorchez le doigt vous ne sentez pas grand-chose. En revanche, dès que vous pouvez vous poser un peu, là vous ressentez une certaine douleur puisque le taux d'adrénaline redescend. Le stress étant un état latent chez l'asperger HP, beaucoup d'entre eux présentent une résistance particulière à la douleur physique.

Les hypersensibilités sensorielles chez les asperger HP

Nous avons vu que les personnes ayant un profil HP pouvaient avoir des hypersensibilités sensorielles de par la suractivation de certaines zones cérébrales. Il en est bien sûr de même pour les asperger HP, mais ces hypersensibilités sensorielles peuvent être encore plus « puissantes ». En revanche, de ce que j'ai pu constater, on n'en retrouve pas plus chez les asperger HP que parmi les personnes de profil HP : la plupart du temps on en retrouve entre une et trois. Les personnes ayant les cinq sens hypersensibles sont plutôt rares mais cela arrive.

Ces hypersensibilités sensorielles peuvent parfois être réellement très handicapantes dans la vie de tous les jours. Voici quelques exemples de ces manifestations chez certains asperger HP :

> <u>L'ouïe</u> : présence d'acouphènes très importants, amplifiés en situation de stress. Dans certains cas ces acouphènes peuvent atteindre un niveau de perception sonore équivalant à celui ressenti lorsqu'on est dans un train.
> Sensibilité aux fréquences des LED ou des grésillements de certains appareils électriques (transfo, multiprises par exemple). Certains asperger HP les ressentent très fortement, là encore d'autant plus que leur niveau de stress est élevé.
>
> <u>L'odorat :</u> certaines personnes ne supportent pas les odeurs de parfum ou, d'une façon générale, toute

odeur assez forte. Cela peut déclencher des nausées et des maux de tête si l'exposition à ces odeurs persiste. Le problème est que la plupart des gens ne seront absolument pas gênés par ces odeurs, voire les apprécient et vont les rechercher.

Le toucher : le problème vient dans ce cas du contact avec des vêtements qui sont insupportables pour certains asperger HP. Il peut s'agir d'un certain type de tissu comme le coton par exemple. Parfois la personne ne supporte pas les étiquettes des vêtements. Dans ce cas la personne peut simplement choisir ses vêtements en fonction de leur composition ou couper l'étiquette. Mais parfois ce sont certains types de vêtement qui ne sont pas supportés, comme les sous-vêtements. On comprendra aisément la gêne au quotidien qu'induit ce type d'hypersensibilité. Ces manifestations sont là encore plus ou moins présentes en fonction de l'état de stress de la personne et ne concernent qu'un pourcentage limité des asperger HP.

La vue : Cette forme d'hypersensibilité peut être une gêne importante lorsque la personne doit aller dans un endroit où la lumière est vive comme les hypermarchés où l'éclairage est réalisé par des LED. La lumière des phares des voitures la nuit peut être suffisamment violente pour que certains asperger HP ne puissent pas conduire la nuit. Pour certaines personnes encore, la simple lumière du jour est trop violente et elles doivent porter des lunettes de soleil alors que la plupart des gens n'en aurait pas besoin.

Le goût : l'hypersensibilité gustative peut se manifester sous la forme d'une intolérance à certaines textures des aliments ou à certains goûts bien spécifiques. La personne peut ne pas supporter tout ce qui est en sauce ou le gras de la viande par exemple. Dans certains exemples que j'ai pu remarquer la personne pouvait ne pas supporter un plat de pâtes parce qu'on avait changé la marque du bouillon cube dans lequel elles avaient cuit. Cette hypersensibilité est particulièrement handicapante pour le jeune enfant : il ne supportera pas certains aliments et pourrait être puni ou forcé par ses parents qui penseraient naturellement à un caprice de la part de l'enfant.

Les différents boucliers sociaux de l'asperger HP

Définition du bouclier social

Ce que j'appelle le bouclier social de l'asperger HP est un modèle de fonctionnement que la personne a intégré pour pouvoir se confronter au monde, à la société, sans ressentir trop d'angoisse. L'asperger HP n'a pas accès à tous les codes sociaux du monde qui l'entoure, il a du mal à comprendre les interactions sociales, se sent perdu lorsqu'il doit s'y confronter. Certains asperger HP ont donc développé un modèle social dans lequel ils ont confiance pour les protéger, pour aller vers ce monde qu'ils ne comprennent pas. Ce modèle constitue un bouclier qui les protège en société et qu'ils peuvent poser lorsqu'ils sont de retour dans leur zone de confort c'est-à-dire, la plupart du temps, chez eux. Ils n'ont pas conscience de ce bouclier et son utilisation est automatique. C'est justement cet automatisme qui rassure l'asperger HP car il n'a pas besoin de se poser de questions. En revanche ce bouclier est assez rigide et son fonctionnement sera toujours plus ou moins identique. Son utilisation automatique empêche l'asperger HP de l'adapter au contexte de la situation. C'est d'ailleurs à cela qu'on remarque qu'une personne utilise un bouclier social car s'il est efficace et adapté dans beaucoup de cas, le même modèle peut être en décalage manifeste dans certaines situations.

Alexandre, 40 ans, est professeur de mathématiques dans un lycée. Il est parfaitement intégré socialement, a de nombreux amis avec lesquels il passe de bonnes soirées au moins une ou deux fois par semaine. Il a souvent tendance à être le centre de l'attention du groupe par ses blagues, ses histoires ou anecdotes qui animent la soirée. Dans son travail il est particulièrement apprécié de ses élèves pour son humour et sa bienveillance. Pourtant sa femme a remarqué que dès qu'il rentrait à la maison il avait besoin de revenir dans sa bulle et de s'isoler, son comportement était bien différent de celui observé quand il est en société. Dernièrement Alexandre a dû se rendre à l'enterrement de la mère d'un de ses amis. Lors du repas, il a voulu utiliser comme à son habitude son humour pour dédramatiser la situation, sans se rendre compte que ses anecdotes étaient fortement déplacées lors de ce repas où les gens avaient besoin d'exprimer leur peine et leur souffrance, pas d'écouter des blagues. Plusieurs des personnes présentes se sont senties gênées et un froid s'est installé depuis avec l'ami dont on a enterré la mère.

L'asperger HP sans bouclier

Certains asperger HP n'ont pas développé de bouclier spécifique pour se protéger des contacts sociaux. Il s'agit des personnes qui correspondent le plus au stéréotype de ce qu'on nomme « autiste asperger ». Dans ce cas la difficulté de contact oculaire est assez visible, le regard est souvent fuyant ou au contraire particulièrement fixe. On retrouve aussi des comportements parfois assez décalés socialement dans certaines situations, il émane parfois un sentiment d'étrangeté à leur contact et leur malaise en société est assez souvent palpable. Ces asperger sans bouclier ont réellement du mal à aller vers les autres et se sentent parfois « en dehors de ce monde ». Certains ne pourront jamais travailler dans un milieu normal ou auront un parcours professionnel particulièrement chaotique, la plupart de leurs emplois finissant par une dépression. Nous illustrerons ce genre de profil dans un des cas cliniques à la fin de cet ouvrage.

Le bouclier hypersocial

Certains asperger HP ont développé un modèle de communication avec les autres très performant, basé sur l'humour et la convivialité. Dans une soirée ils se sentent à l'aise, vont vers les autres, font des blagues et essaient même d'être le centre de l'attention du groupe par les histoires et anecdotes qu'ils racontent. Cependant, quand on y fait attention, on se rend compte que leur façon d'interagir avec les autres est toujours selon ce même modèle. L'asperger HP a du mal à adapter son bouclier social au contexte, à la situation sociale à laquelle il doit faire face. Comme dans la vignette clinique précédente, il peut même être en complet décalage avec la situation, auquel cas, si on lui en fait la remarque, il aura tendance à se replier sur lui-même, ne sachant plus comment agir vis-à-vis des autres, son bouclier ne lui permettant plus d'aller vers les autres.

Même si ce modèle fonctionne bien en groupe, lors de soirées ou même au travail, l'asperger HP avec ce type de bouclier social aura tendance à « poser son bouclier » en rentrant dans sa zone de confort chez lui. La personne qui partage sa vie remarque souvent une nette différence entre la personne en société et la personne à la maison qui est pour le coup beaucoup plus renfermée dans sa bulle.

D'une façon générale ce bouclier social permet à l'asperger HP d'interagir de façon appropriée avec les autres mais sur un mode superficiel. Il reste en difficulté lorsqu’il est confronté à des situations émotionnellement très fortes ou lorsqu’il doit faire preuve d’empathie avec une personne en souffrance ou en colère. Ce modèle est cependant un des meilleurs que peut développer l’asperger HP car il lui permet réellement de s’affranchir des angoisses liées à la plupart des situations sociales.

On est donc bien loin du stéréotype asperger, et pourtant, lorsqu’on pose les questions permettant d’identifier le profil asperger HP à des personnes ayant ce modèle social, elles ont les mêmes réponses que les autres profils d’asperger HP.

Une bonne blague permet souvent de s’intégrer dans une conversation lors d’une soirée.

Le bouclier travail

Le travail peut être un bon moyen pour certains asperger HP d’aller au contact des autres. Parler de son travail, ou du travail des autres, reste un sujet assez superficiel où il n’y a pas forcément besoin de toucher la sphère émotionnelle. Ces asperger sont hyper investis dans leur travail, qu'ils maîtrisent d'ailleurs parfaitement, et ont la plupart du temps d'excellentes appréciations de leur employeur ou de leurs clients s'ils sont à leur compte. En revanche il n'y a pas grand-chose dans leur vie en dehors du travail. Leur vie sociale tourne souvent autour des collègues de travail. Il y a peu ou pas d'activité extraprofessionnelle, le temps de travail hebdomadaire étant bien souvent très supérieur à la normale.

Ils peuvent évoluer ainsi dans la société sans être trop confrontés à des situations sociales qui les mettraient mal à l'aise comme dans des relations amicales par exemple.

Lorsqu'ils sont en couple, ces asperger HP avec un bouclier social basé sur le travail sont plutôt renfermés dans leur foyer et évitent les sorties entre amis ou alors se « cachent » lors de ces regroupements derrière leur conjoint car ils ne savent pas vraiment gérer ce genre d'évènement. Ils ont aussi tendance à parler travail même dans des circonstances inappropriées.

Emeline est une jeune cadre d'une trentaine d'années qui travaille en tant que responsable logistique dans une société de transport. Elle ne compte pas ses heures et son patron est particulièrement content d'elle. Elle est appréciée de ses collègues pour sa bienveillance et sa propension à rendre service dans le travail autant qu'elle le peut. Elle vit avec son copain depuis 5 ans maintenant et, s'ils ont le projet d'acheter prochainement une maison, ils ne désirent pour le moment pas d'enfant : la responsabilité de la maternité lui fait très peur et serait incompatible avec son investissement au travail de toute façon. Sa vie sociale en dehors du travail est assez restreinte en dehors du traditionnel « afterwork » du vendredi soir avec quelques collègues. Un week-end pourtant, un ami d'enfance de son copain les a invités au baptême de sa fille. Emeline est assez stressée d'y aller car elle ne connait personne mais accepte l'invitation pour faire plaisir à son copain. Lors de cette journée elle a réussi à discuter une bonne partie de l'après-midi avec Monique, une des personnes présente. Cependant le seul sujet sur lequel elle était intarissable concernait les difficultés d'approvisionnement que rencontrait son entreprise du fait de la grève des chauffeurs routiers. Au bout de trois heures de quasi monologue, Monique réussit enfin à s'en défaire avec un sérieux mal de tête.

Ce bouclier social est lui aussi assez efficace et permet à l'asperger HP d'avoir une vie sociale sans trop d'angoisses. Le risque en revanche pour ce profil est de faire un burnout, en particulier s'il est lié à une situation de harcèlement de la part de collègues ou de sa hiérarchie. Dans ce cas la valeur travail sur laquelle reposait toute son identité sociale est mise à mal, voire parfois détruite, et l'asperger HP se retrouve totalement seul, son bouclier social ayant volé en éclat. La reconstruction peut être très longue et parfois même impossible. L'asperger HP se retrouve donc sans son bouclier social et correspond alors au premier profil que nous avons évoqué. Il ne comprend pas pourquoi il n'arrive plus à faire face comme il y arrivait avant et une thérapie est indispensable à la reconstruction d'une nouvelle identité sans ce bouclier travail.

Le bouclier de type pervers narcissique et/ou violent

Le terme de pervers narcissique est employé ici non pas comme un élément clinique mais dans le sens commun où on peut le comprendre. Il s'agit d'une personne qui va régulièrement dénigrer les personnes avec qui elle vit, leur faire comprendre qu'elles n'y arriveront jamais sans elle, qui va parfois faire preuve d'agressivité dans ses propos, mais qui peut montrer un visage tout autre vis-à-vis des personnes à l'extérieur de son foyer.

La violence quant à elle peut se manifester sous la forme physique mais également sous la forme verbale avec une agressivité dans les propos tenus, des insultes, des cris. L'agressivité peut même faire partie de la personne sans qu'elle s'en rende compte : en effet certaines personnes parlent naturellement fort, une certaine forme de violence peut émaner d'elles et être perçue par des personnes particulièrement sensibles.

Le bouclier social d'un asperger HP lui est utile pour savoir comment se confronter à son environnement social. Il peut développer son bouclier par lui-même, mais bien souvent il va emprunter un modèle social qui est à sa portée dans son enfance ou son adolescence. Si un enfant asperger HP est confronté régulièrement dans son milieu de vie, par un de ces parents en particulier, à un modèle d'interactions sociales qui rabaisse les gens, les dénigre ou fait preuve de violence verbale, parfois même physique, alors il pourrait intégrer ce modèle comme un mode d'interactions avec les autres lorsqu'il sera confronté à des difficultés ou à des angoisses. C'est dans ces conditions qu'un asperger HP peut adopter ce bouclier particulier. La violence des comportements d'un asperger HP s'origine toujours dans l'environnement de son enfance ou de son adolescence.

Ce type d'asperger HP va montrer son côté rabaissant ou violent essentiellement dans sa zone de confort, chez lui et donc envers ses proches. À l'extérieur il arrivera à se contenir voire parfois à montrer un visage aimable et socialement très apprécié. C'est en cela que l'on peut assimiler ce mode de fonctionnement à celui d'un pervers narcissique. La différence cependant avec la personnalité d'un vrai pervers narcissique c'est que l'asperger HP n'aura ce comportement que s'il se sent stressé ou angoissé par certaines situations : ce n'est pas un comportement systématique, son agressivité est réactionnelle, pas naturelle. C'est bien là d'ailleurs que réside le problème pour la personne qui vit avec : l'asperger HP utilisant ce bouclier social peut être réellement toxique, mais également adorable et très touchant par moment lorsqu'il n'est pas confronté à ses angoisses.

Jean est un agriculteur de 48 ans vivant dans son exploitation agricole avec sa femme, Marion, et ses deux enfants, Laurent qui a 8 ans et Jonathan qui a 12 ans. Avant la naissance de leur premier enfant, le couple allait parfaitement bien, Jean était quelqu'un de très attaché à sa femme. Ils formaient un duo très fusionnel même s'ils étaient un peu repliés sur eux-mêmes d'un point de vue social. La naissance de Jonathan cependant a réellement bouleversé Jean. La responsabilité d'avoir un enfant, additionnée à celle de la gestion de son exploitation agricole, a généré un stress important. Petit à petit, Jean a montré un visage assez anxieux et un comportement dénigrant lorsqu'un problème de la vie courante survient. Lorsque cela arrive il a tendance à rejeter la faute sur Marion, comme quoi elle n'est pas à la hauteur de la situation, qu'elle n'a pas su gérer, que comme d'habitude elle n'arrive pas à résoudre le problème sans que lui doive intervenir... Pourtant Marion s'occupe de toute la logistique chez elle (ménage, repas, administratif, activités et scolarité des enfants). Jean travaille dans son exploitation mais n'intervient pas dans d'autres domaines.

Un jour la machine à laver tombe en panne. Jean s'emporte en criant sur Marion en lui reprochant qu'elle aurait dû mieux l'entretenir, que c'est parce qu'elle met trop de linge en même temps et que maintenant il va devoir travailler encore plus pour compenser l'achat d'un nouveau lave-linge. Marion se défend, lui dit qu'elle ne supporte plus ses remontrances et menace de le quitter s'il n'arrête pas ces comportements agressifs. Jean s'énerve alors encore plus, criant qu'il n'est pas agressif et que c'est elle qui le pousse à être comme ça. À un moment, il lève même le bras en guise de menace, lui disant qu'il ne supportera pas qu'elle le quitte, qu'elle n'osera jamais faire cela. Marion fait remarquer à Jean son geste de violence physique alors qu'il n'en avait jamais eu jusque-là et lui dit qu'il ressemble de plus en plus à son père qui a toujours fait preuve de violence physique et verbale vis-à-vis de Jean et de sa mère. Jean s'écroule alors en pleurs dans le canapé en s'excusant, lui disant qu'il ne comprend pas pourquoi il a réagi comme ça. Marion le prend dans ses bras et le console comme elle peut, sachant qu'il recommencera son mode de fonctionnement dénigrant dès qu'un nouveau problème surviendra.

Il est très compliqué de vivre avec une personne ayant ce genre de profil. L'asperger HP utilisant ce bouclier social aura tendance à vouloir avoir toujours raison et à ne jamais se remettre en cause : le problème relationnel dans son couple, car c'est souvent à ce niveau que se cristallise la problématique, ne peut pas venir de lui. La plupart du temps il n'a même pas conscience de l'agressivité dans sa voix ou de son côté rabaissant. Mais, même s'il n'est pas volontaire, ce comportement est sur le long terme particulièrement toxique, tout comme celui du vrai pervers narcissique, en particulier si la personne partageant sa vie est également hypersensible.

Le bouclier hyper optimisation logique

Le besoin de contrôle est omniprésent chez l'immense majorité des asperger HP. Chez certains ce mode de fonctionnement est poussé à l'extrême et ils ont besoin de contrôler l'intégralité des facteurs régissant leur vie dans le moindre détail. L'emploi du temps est défini quotidiennement heure par heure, parfois minute par minute afin d'optimiser chaque instant. Cet emploi du temps est réactualisé en permanence en fonction des modifications qui peuvent intervenir au cours de la journée. Cela permet à l'asperger HP de tout prévoir, d'éviter la moindre surprise, de contrôler son environnement pour se préparer à chaque éventualité. Les asperger HP ayant ce profil pourront interagir avec les autres plus facilement que s'ils n'avaient pas de bouclier social dans la mesure où les interactions sociales seront programmées et planifiées. Un ami qui passe à l'improviste peut être une source d'angoisse importante, tout comme une modification à la dernière minute de ce qui a été planifié.

On retrouve associé à ce mode de fonctionnement un raisonnement logique particulièrement poussé. À défaut d'avoir accès à ses ressentis et ses envies, l'asperger HP utilisant ce bouclier social se repose sur la logique pure pour guider ses choix, ses actions et ses interactions sociales. Pour ceux qui connaissent la série « Star Trek », on retrouve dans le personnage de Monsieur Spock l'archétype de ce que pourrait être un asperger HP fonctionnant avec ce bouclier basé sur la logique et l'optimisation.

Ce schéma de fonctionnement est possible du fait d'une vitesse de traitement de l'information très élevée : un cerveau hyper rapide peut présenter aussi des avantages ! Cependant ce mode de pensée est également épuisant et demande à l'asperger HP d'être en permanence au maximum de ses capacités cognitives. Au cours de sa vie il possible que son énergie s'épuise pour diverses raisons (maladie, dépression, choc émotionnel ...) et qu'il ne soit plus en mesure d'assurer cette optimisation de chaque instant. La personne sera alors plus angoissée par certaines situations, se repliera plus dans sa zone de confort par manque d'énergie pour structurer son environnement comme elle le faisait avant. Elle percevra alors un décalage entre ce qu'elle était capable de gérer avant et ce qu'elle n'arrive plus à gérer maintenant et ce décalage risque fort d'induire une baisse d'estime de soi et un mal-être persistant.

Emilie est une jeune asperger HP de 25 ans. Elle travaille comme responsable logistique dans une usine de pièces automobiles et est socialement très appréciée de ses collègues et de ses amis pour son dynamisme et son sens de l'organisation. Lors des soirées avec son groupe d'amis, c'est souvent elle qui est à l'initiative des activités et qui se propose pour en gérer les différents aspects logistiques. Un soir elle doit organiser la soirée d'anniversaire de sa meilleure amie. Cela ne lui pose aucun problème : elle s'y prépare déjà depuis plusieurs semaines et elle sait déjà qui viendra, qui ne viendra pas, quelle robe elle va porter, le type de décoration de la salle, qui fait quoi et comment, l'organisation des activités qui sont prévues et leur chronologie exacte lors de la soirée. Cette soirée commence et tout se passe bien. Pourtant vers 20 heures un soupçon d'inquiétude nait dans l'esprit d'Emilie : Pierre n'est toujours pas là et c'est lui qui est censé apporter une des décorations du gâteau d'anniversaire. L'heure tourne et l'inquiétude se transforme en angoisse. Pourtant la fête se passe à merveilles, mais ce détail qui risque de mal se passer met Emilie dans tous ses états : elle commence à paniquer, demander à tout le monde s'ils n'ont pas des nouvelles de Pierre, et est prête à faire 50 km pour essayer de voir s'il n'est pas chez lui. Ses amis ont beau lui dire que ce n'est pas si grave, que la fête est très réussie et la félicitent pour ça mais rien n'y fait : pour elle la soirée est gâchée et elle n'arrive pas à cacher une certaine irascibilité vis-à-vis des convives. Elle se sent trahie par Pierre, se sent particulièrement coupable auprès de son amie et se sent « nulle » de n'avoir pas réussi à créer une soirée parfaite. Emilie mettra plusieurs jours à remonter la pente après cette soirée et à retrouver son entrain et sa bonne humeur.

Le bouclier social utilisant un langage théorique

Certains asperger HP utilisent un mode de communication avec les autres basé sur un langage assez théorique, voire philosophique. Ils parlent par concepts, métaphores et font souvent référence à certains auteurs pour définir certaines situations qu'ils essaient de décrire à l'autre. Ce sont des personnes qui aiment la culture et qui vont utiliser la connaissance comme un rempart à leurs émotions. À défaut de pouvoir interagir avec l'autre en fonction de leurs ressentis, ils vont utiliser la pensée d'autres personnes, d'autres auteurs qu'ils connaissent comme modèle d'interactions sociales. On retrouve une vision du monde basée sur l'analyse de tout ce qui les entoure, y compris le monde émotionnel – le leur et celui des autres – qui a besoin d'être objectivé pour être compris.

Ce bouclier social peut s'apparenter au modèle précédent dans une certaine mesure puisqu'en général leur raisonnement est toujours empreint d'une logique implacable, basée sur les écrits d'écrivains, de philosophes et autres penseurs. Cependant il ne s'agit que de langage et d'un mode d'interaction : l'organisation concrète de leur vie peut être une tout autre problématique où la logique et l'efficacité n'ont pas forcément de place !

Ce bouclier social permet à l'asperger HP de communiquer avec le monde extérieur, mais ce mode de fonctionnement particulier induit généralement un sentiment de solitude et d'isolement car la communication basée sur des concepts et des références théoriques, culturelles ou scientifiques n'est pas à la portée de tout le monde. Il n'est pas évident de trouver un interlocuteur avec lequel l'asperger HP utilisant ce modèle pourra vraiment se sentir dans son élément. Il est également possible que ce mode de communication analytique et théorique vienne masquer les problématiques réelles et concrètes de la personne, comme si elle se mentait à elle-même. Dans ce cas on retrouve souvent une capacité à procrastiner assez importante chez la personne. On est dans une situation où la personne comprend et analyse tout mais ne peut pas agir ou modifier les paramètres de sa vie pour autant. Cela induit une frustration et un sentiment de dévalorisation parfois important.

Pierrick est un asperger HP de 19 ans qui a beaucoup de mal à communiquer avec ses pairs. Ses relations sociales sont assez superficielles car il lui est difficile de trouver des gens avec qui discuter des sujets qui l'intéressent vraiment comme la zététique ou les dernières avancées en physique quantique par exemple. Il ne comprend pas la plupart des interactions et des conventions sociales, et a tendance à rester isolé chez lui. Il a cependant quelques amis qu'il s'est fait au fil des années dans des jeux vidéo en ligne, avec lesquels il discute par le biais de logiciels de communication à distance. Il aime beaucoup passer du temps sur Youtube ou d'autres sites de vidéos en ligne. Ces vidéos lui permettent de s'alimenter en connaissances diverses et variées, et surtout d'avoir un regard sur le monde sur lequel il peut se baser pour comprendre les interactions avec le monde extérieur. Lorsqu'il est confronté à une situation sociale qui génère une difficulté, il va essayer de se renseigner sur internet pour apprendre une façon de se comporter dans cette situation.

Le bouclier social basé sur la relation d'aide

Dans ce modèle d'interactions sociales, l'asperger HP va orienter son comportement par rapport à la présence des autres. Il agira non pas en fonction de ses ressentis ou de ses envies, mais en fonction de ce qu'il pense que les autres attendent de lui pour être dans une certaine normalité. Le besoin des autres passe avant son propre besoin puisqu'il n'en a pas vraiment conscience. C'est ainsi qu'il va régulièrement chercher à satisfaire le besoin des autres, apporter de l'aide aux autres : se sentir utile est un moyen pour lui de se faire accepter des autres et d'interagir avec eux sans que cela ne génère de l'angoisse ou un sentiment de décalage. En soi ce bouclier social est bénéfique et l'asperger HP le vit plutôt bien généralement. Cela lui permet d'évoluer avec une image de lui-même positive et il est socialement bien intégré. L'inconvénient cependant est que certaines personnes peuvent profiter de sa propension à aider l'autre : il peut s'en suivre une relation potentiellement malsaine dont l'asperger HP aura parfois du mal à se défaire.

Dans certains cas également, le besoin d'agir en fonction de l'autre est tel que l'asperger HP se sent perdu sans la présence d'autrui. Il est habitué à agir en fonction de l'autre, même dans des tâches quotidiennes banales. S'il se retrouve seul, il perd ses repères et ne sait pas organiser sa vie selon ses propres envies ou besoins. Il se retrouve face à un vide existentiel qui l'angoisse et le pousse à meubler ce vide par tous les moyens possibles, comme la télévision, la musique, téléphoner à des amis ou de la famille. Il en découle parfois une réelle phobie de la solitude et le simple fait de rester seul une soirée peut générer des angoisses importantes. Dans certains cas, la peur de vivre seul le pousse à rester avec un conjoint parfois très toxique faisant preuve de violence verbale et même parfois physique. La souffrance induite par ce genre de relation est parfois moindre que celle générée par l'angoisse de la solitude.

Le bouclier social basé sur la religion

Ce modèle social est à ma connaissance plutôt rare mais j'ai eu l'occasion de le rencontrer malgré tout quelques fois. Le principe est toujours le même : à défaut d'avoir accès aux codes sociaux et à la manière d'interagir avec les autres, l'asperger HP utilisant ce modèle applique les préceptes religieux dans ses comportements vis-à-vis du monde extérieur. Il agit en accord avec ce qu'il pense que sa religion lui conseillerait de faire, la plupart du temps en faisant le bien autour de lui et en aidant les autres. Le souci est que ces préceptes sont appliqués sans tenir compte réellement du contexte dans lequel interviennent ces interactions sociales, et peuvent être parfois en décalage important avec ce qui est socialement acceptable. L'asperger HP ressent ce décalage et évolue toujours dans ce monde qu'il ne comprend pas. Il a souvent alors un sentiment de culpabilité à ne pas faire les choses correctement ou un sentiment de dévalorisation du fait de ne pas être à la hauteur de ce que sa religion préconise.

L'asperger HP sans armure

Il ne s'agit pas dans ce cas d'un bouclier social mis en place inconsciemment pour faire face au monde extérieur, mais plutôt d'un état de fragilité psychique chez certains asperger HP. Ces profils particuliers n'ont pas d'armure anti-émotion comme les autres asperger HP. Ce sont des éponges émotionnelles de tout ce qui les entoure et ils ressentent ces ondes émotionnelles de façon extrêmement violente. Cette absence d'armure leur permet cependant de parfaitement comprendre et analyser tout ce qui se passe, et l'accès à leurs émotions et leurs ressentis ne s'en retrouve pas altéré.

De ce que j'ai pu observer, cet état psychique est provoqué au cours de la vie d'un asperger HP par un choc émotionnel très important qui a fait voler en éclat son armure anti-émotion. Cela peut être consécutif à un burnout professionnel, à une rupture amoureuse particulièrement violente, à la perte d'un enfant pendant la grossesse ou à une agression physique par exemple.

L'asperger HP sans armure n'a plus de moyen de protéger son hypersensibilité des agressions émotionnelles du monde extérieur. Il perçoit ce qui émane des personnes qui l'entourent de façon très vive et les contacts sociaux sont encore plus compliqués qu'avant, non pas par souci de compréhension, mais parce qu'ils induisent quasiment systématiquement une surcharge émotionnelle. Certaines personnes ayant cette particularité disent percevoir les « auras » des gens autour d'eux, sentir leur mal-être ou plus rarement leur bien-être sans qu'ils ne soient exprimés verbalement. Dans certains cas la proximité physique des autres est compliquée à gérer et la personne doit s'écarter physiquement du groupe de personnes avec lequel elle discute car d'une des personnes du groupe émane un mal-être qui submerge l'asperger HP. Cette submersion émotionnelle peut arriver même s'il n'y a pas de contact direct entre la personne et l'asperger HP : croiser une personne dans un rayon de supermarché, être le témoin d'une dispute entre deux personnes à la terrasse d'un café, même en étant éloigné, peut générer cette surcharge.

Cet état de fragilité psychique peut malheureusement durer dans le temps, mais il est possible pour l'asperger HP d'effectuer un travail sur lui-même pour reconstruire une nouvelle armure qui le protégera des émanations émotionnelles de son environnement. Une des façons possibles de réaliser ce travail est de prendre conscience de son état et de bien comprendre que ces émotions qui le submergent ne lui appartiennent pas, de les mettre à distance. On peut imaginer, si l'on compare l'asperger HP à une éponge émotionnelle, qu'il arrive à ne plus absorber une partie des émotions qui viennent des autres.

À défaut d'une armure, cet asperger HP a trouvé un bon moyen de s'isoler pendant qu'il fait les courses... mais la tâche reste épuisante !

Les particularités de l'asperger HP

Dans cette partie, nous allons observer des fonctionnements particuliers que l'on peut trouver chez certains asperger HP. Si ces particularités sont souvent présentes chez les personnes présentant ce profil, elles n'en constituent pas cependant un socle incontournable que l'on retrouve systématiquement. Comme nous l'avons vu, il y a énormément de profils asperger HP différents et les particularités qui vont suivre ne se retrouvent pas obligatoirement dans tous les profils.

Des difficultés à intégrer le contexte de certaines situations

De nombreux asperger HP ont du mal à intégrer le contexte d'une situation donnée, à prendre en compte différents paramètres, et de ce fait n'ont pas toujours le comportement adapté à certaines situations. On en revient à la problématique du traitement de l'information chez l'asperger HP : il a naturellement tendance à fonctionner en « tout ou rien », la nuance ne faisant pas toujours partie de son mode de fonctionnement.

En particulier, il aura du mal à hiérarchiser l'information entre ce qui est important et ce qui ne l'est pas. Lors d'une discussion avec une autre personne en face à face, s'il y a une mouche posée sur l'épaule de son interlocuteur, l'asperger HP accordera autant d'importance à la mouche qu'à ce que lui dit la personne.

Il pourra même avoir du mal à se concentrer, voire à perdre le fil de la conversation juste à cause de cette mouche. Lors d'examens, que ce soit dans un cadre scolaire ou professionnel, l'asperger HP aura toujours du mal à se concentrer dans une salle avec plein de monde autour de lui : le bruit des stylos, les raclements de gorge, la respiration bruyante de son voisin de table sont autant d'éléments qui peuvent grandement le perturber et réduire fortement son potentiel de réussite. Il faudrait dans ce cas qu'il puisse passer son examen dans une salle isolée avec peu ou pas de monde autour. Cet aspect peut être mis en place par les rectorats ou les organismes de concours lorsque l'asperger HP est en mesure de fournir un justificatif officiel de son handicap.

L'expression des émotions chez les asperger HP

Il peut s'agir de l'expression verbale de ses émotions ou de l'expressivité du visage. Verbaliser ses émotions sera toujours compliqué pour l'asperger HP, d'une part car il n'a lui-même que peu d'accès à ce qu'il ressent, d'autre part car pour exprimer ses émotions la personne doit se « livrer », se mettre en avant dans la discussion, chose que l'asperger HP abhorre au plus haut point. Il pourra le faire s'il est en totale confiance avec la personne en face, et dans ce cas il est probable qu'il soit un peu confus ou déstructuré dans son discours lorsqu'il parle de ce qu'il ressent.

En ce qui concerne l'expressivité faciale observée lors de certaines émotions, il y a beaucoup plus de disparité selon les différents profils d'asperger HP, si bien que l'absence d'émotions sur un visage ne peut pas vraiment être considéré comme un trait caractéristique de ce genre de profil. Certains asperger HP ne montrent quasiment aucun signe d'émotion : même s'ils les ressentent, leur visage est plus ou moins toujours impassible. D'autres au contraire sont des livres ouverts et chaque émotion qui les traverse se voit immédiatement sur leur visage et parfois même sur leur posture. Ce qu'il faut retenir, c'est que dans le premier cas de figure, l'absence d'expression faciale ne veut pas dire absence d'émotions. Il faut dans ce cas arriver à lire derrière le masque de l'asperger HP et intégrer le fait qu'il puisse éprouver de la joie, de la tristesse, de l'angoisse, même s'il ne le montre pas. Souvent il n'a lui-même pas vraiment conscience de ses émotions, ni de son inexpressivité.

Des difficultés à conduire

Cette difficulté à hiérarchiser l'information peut être très invalidante lorsqu'il s'agit de conduire. Lorsqu'on conduit on doit obligatoirement intégrer un nombre d'informations important et les réajuster en permanence en fonction de notre vitesse et des évènements extérieurs. Dans ces informations, il y a celles importantes qui concernent les autres véhicules, la signalisation routières, ce qui se trouve sur la route..., et il y a les informations qui n'ont pas d'impact sur notre conduite : la présence d'une borne à incendie sur le bord de la route, le fait que la voiture devant nous ait un autocollant rouge sur son coffre, le défilement des arbres sur les bas-côtés, un oiseau qui vole au loin... Pour l'asperger HP chacune de ces informations doit être traitée avec la même importance et la sélection de ce qui est important ou pas lui demande un effort supplémentaire en comparaison d'une personne ne rencontrant pas cette difficulté. La charge mentale liée à la conduite, et la fatigue qui en découle, est donc assez souvent beaucoup plus importante pour l'asperger HP.

Parmi la population d'asperger HP que j'ai pu accompagner, j'ai remarqué trois catégories réparties plus ou moins à parts égales :

- un tiers des personnes conduisent normalement sans difficulté particulière,
- un tiers des personnes conduisent mais n'aiment vraiment pas ça, la conduite représentant pour elles une source d'anxiété parfois très importante les limitant dans leurs capacités de déplacement,
- un tiers des personnes ne peuvent pas du tout conduire.

Un autre facteur qui peut constituer une angoisse pour le conducteur asperger HP est qu'au volant d'une voiture on est confronté au risque de tuer quelqu'un lors d'un accident. Cette responsabilité à elle seule peut submerger complètement l'asperger HP et l'empêcher de conduire, ou en tout cas être une source d'angoisse lors de la conduite.

Il est important de prendre cette particularité en considération, en particulier pour les jeunes asperger HP en âge de passer le permis de conduire. Pour certains, il leur sera impossible de le passer, et pour peu que l'attitude des parents soit « De toute façon, il n'y a pas le choix il faudra bien que tu le passes, tout le monde a le permis de conduire », cela peut représenter pour le jeune asperger HP une source d'angoisse très importante pouvant même le plonger dans une dépression. Comme dans beaucoup de situations, il sera donc nécessaire pour les parents d'un asperger HP qui est réticent à passer le permis de le pousser un peu, de l'accompagner dans son choix, mais d'accepter l'éventualité que ce jeune ne passe pas le permis, ou en tout cas de retarder cette échéance.

Des difficultés à pondérer les risques dans certaines décisions

Là encore la problématique de la hiérarchisation de l'information est au premier plan. Avant de prendre une décision, la plupart des gens analysent toutes les options et les risques inhérents à chaque décision. À la fin de cette analyse, on se retrouve avec différents risques auxquels on accorde une certaine probabilité, et si la probabilité du risque est très faible, il n'est pas pris en compte dans notre choix d'action. L'asperger HP fait de même, bien sûr, il analyse l'intégralité des risques, cette activité étant naturelle pour lui. Mais lorsque tous les risques sont analysés, il ne peut pas hiérarchiser les risques selon leur probabilité : pour lui, même une situation qui n'a que 0,01% de chance de se produire est un risque important qui peut complètement le bloquer dans sa prise de décision ou dans l'entreprise de telle ou telle activité. À partir du moment où une situation dangereuse peut se produire, l'asperger HP va focaliser dessus sans tenir compte du fait qu'elle soit très peu probable.

Théo est un jeune asperger HP de 11 ans qui est sur le point de rentrer en classe de 6ème. Durant son école primaire il a toujours rencontré des difficultés lors des séances de piscine pendant les cours d'éducation physique et sportive. Il sait nager, mais a une peur bleue d'aller dans le grand bassin, là où il n'a pas pied. Pour son entrée au collège, ses parents lui mettent une petite pression pour qu'il accepte enfin de nager dans le grand bassin mais rien n'y fait, il refuse d'y aller. Ses arguments reposent sur la logique formelle : s'il n'a pas pied et qu'il arrête de nager, alors il coulera et il se noiera. Cette hypothèse le terrifie et il refuse de prendre ce risque. Ses parents lui disent pourtant qu'il n'a aucune raison d'arrêter de nager, mais

Théo rétorque qu'ils ne peuvent pas lui garantir à 100% que la noyade n'est pas possible.
Il faudra beaucoup de patience et l'intervention d'un professeur particulier de natation pour que Théo arrive, au bout d'un an, à nager avec les autres dans le grand bassin.

Paradoxalement, certains asperger HP ont trouvé une parade à cette difficulté : ils évitent de réfléchir lorsqu'une décision importante doit être prise. Une réflexion trop poussée les conduirait immanquablement à un blocage, donc ils « foncent » sans se poser de question lorsqu'un choix doit être fait concernant un voyage, une orientation professionnelle, une nouvelle rencontre... Le facteur aléatoire lié à ce fonctionnement induit forcément des conséquences parfois fâcheuses pour l'asperger HP.

Formuler une demande pour un asperger HP

Il est toujours difficile pour un asperger HP d'exprimer une demande, dans le sens général. Que ce soit demander de l'aide, demander un service, même simplement prendre un rendez-vous médical, toutes ces démarches peuvent être compliquées à réaliser pour la plupart des asperger HP. Faire une demande le met dans une posture vis-à-vis de son interlocuteur qui le met mal à l'aise : il peut se sentir redevable, craindre que l'autre prenne mal sa demande, de ne pas se sentir légitime à demander tel ou tel service, avoir peur de gêner... Il est probable que cette gêne provienne de la difficulté pour l'asperger HP à interpréter l'état émotionnel de la personne en face de lui. Pour l'immense majorité des gens, il n'est pas gênant de demander un service à une personne, dans la mesure où l'on sent que notre demande est légitime et bien acceptée dans le contexte où l'on se trouve. Mais l'asperger HP n'a pas ce ressenti ni l'accès à ce contexte. Son armure anti-émotion bloque cette information et il ne sait pas comment l'autre risque de prendre sa demande. Dans de nombreux cas, l'asperger HP va donc essayer de se débrouiller seul, même si cela le met encore plus en difficultés dans certaines situations.

Cette difficulté à demander peut être largement atténuée lorsque la demande s'adresse à un proche, en particulier lorsqu'il s'agit d'une personne qui se trouve dans la bulle de l'asperger HP. Dans ce cas une demande est possible, parfois même sans aucune difficulté, puisque qu'il fait totalement confiance à la personne à qui il demande. Étant donné cette relation de confiance, il n'a pas à interpréter les signaux sociaux venant de l'autre et ne se sent pas gêné, même si paradoxalement dans certains cas la demande peut sembler excessive d'un point de vue extérieur.

L'asperger HP ne supporte pas le mensonge et l'hypocrisie

Là encore il s'agit d'une particularité qui touche quasiment l'intégralité de la population des asperger HP. Le mensonge est pour eux une source de tension intérieure très importante et ils se sentent obligés de dire la vérité. On peut distinguer deux types de mensonges cependant : le mensonge direct, c'est-à-dire énoncer verbalement quelque chose de faux, et le mensonge par omission qui consiste à ne pas parler de quelque chose à la personne en face alors qu'on aurait dû lui dire. Le premier type est réellement quasiment impossible à réaliser pour un asperger HP. Dire quelque chose de faux relève pour lui du domaine de l'impossible, au point où il peut sembler totalement déplacé dans certains contextes. S'il est invité à un repas chez des amis et que la maîtresse de maison lui demande s'il veut encore du plat principal, il peut très bien répondre quelque chose du genre « Non merci, je n'ai pas aimé le plat, je l'ai trouvé trop fade », ce qui bien sûr pourra être très mal pris par son hôte ! Mais dans ce cas précis, lui faire une réponse consensuelle du type « non merci, c'était très bon mais je n'ai vraiment plus faim », qui constitue un petit mensonge social couramment utilisé, n'est pas envisageable pour l'asperger HP.

Souvent cette particularité peut le mettre dans l'embarras, ou peut même être un facteur d'exclusion sociale. Il est perçu comme quelqu'un de « sans filtre » et sa présence dans un groupe d'amis peut être une source de gêne qui n'est pas du goût de tout le monde.

Jonathan, asperger HP de 22 ans, est invité à une soirée jeux de société entre amis. Lors de la soirée Sophie s'éclipse discrètement pour aller aux toilettes. Lorsqu'elle revient, Jonathan fait une remarque devant tout monde « Vous ne trouvez pas que ça sent mauvais ? Ça vient de toi Sophie ? ». Évidemment, personne ne relève la remarque et chacun se concentre sur le jeu. Jonathan ne perçoit pas la gêne de cette situation et renchérit « Mais je suis vraiment le seul à le sentir ? ». Il faudra alors qu'un des convives lui dise ouvertement de clore le sujet pour qu'il passe à autre chose.

Un peu plus tard dans la soirée, Jonathan lance au perdant de la partie en rigolant : « tu as été bien nul ce soir, comment tu as fait pour avoir un score aussi bas ? ». Sans se rendre compte que son interlocuteur le prenait mal, il continue sur ce thème pendant quelques minutes jusqu'à ce qu'il se fasse rembarrer assez vertement.

Il est fort probable que Jonathan ne soit plus invité à ce genre de soirée, et il est tout aussi probable qu'il ne comprenne absolument pas pourquoi, même si on lui explique après coup. Il n'avait évidemment aucune intention de blesser qui que ce soit et il ne comprend pas que dire la vérité puisse être une source de conflit.

Le fait que l'asperger HP ait du mal à mentir n'est pas systématique même si c'est le cas dans l'immense majorité des cas. J'ai cependant pu constater que dans quelques rares cas, le mensonge était au premier plan des interactions sociales de certains asperger HP. Dans ces cas il semblerait que le mensonge soit un moyen utilisé pour éviter absolument un conflit potentiel. L'asperger HP n'aime pas le mensonge, mais le conflit non plus. De ce fait, un mensonge est préférable à une situation tendue, voire violente ou agressive.

Le sens des mots pour l'asperger HP

Bien souvent l'asperger HP accorde beaucoup d'importance au sens littéral des mots. Un mot a une signification bien précise, et l'utiliser dans un sens mal approprié peut être une cause de conflit ou tout du moins de mauvaise compréhension entre les personnes.

Marion est une jeune asperger HP de 9 ans, très active, qui est souvent en conflit avec ses parents. Pour eux, elle est souvent insolente et n'écoute rien de ce qu'ils lui demandent. Comme exemple, la mère mentionne une anecdote où elle avait demandé à Marion de remonter une bouteille de soda du sous-sol, mais en faisant bien attention de ne pas courir avec. En remontant du sous-sol, Marion s'amusait avec la bouteille en la secouant. La mère a alors réprimandé Marion pour ne pas avoir respecter les consignes, la bouteille étant maintenant plus difficile à ouvrir sans qu'elle ne déborde. Lorsque je demande à

Marion pourquoi elle n'a pas respecté les consignes, elle me répond : « Mais je les ai respectées, je n'ai pas couru, j'ai juste secoué la bouteille ! ». Ce à quoi la mère répond « Vous voyez comme elle est insolente ? ».
Le fait est que Marion ne cherchait pas délibérément à transgresser les ordres, pour elle « courir » et « secouer » sont des choses bien distinctes, même si dans ce contexte le résultat était le même en ce qui concerne la bouteille.

On peut également trouver parfois une certaine rigidité dans l'interprétation des mots. Si vous dîtes à un asperger HP « J'arrive dans cinq minutes » et que vous arrivez dix minutes après, il est probable qu'il vous en tienne rigueur plus ou moins ouvertement. Cinq minutes n'est pas dix minutes, et il est possible qu'il vous dresse la liste de tout ce qui peut être accompli dans ce laps de temps de cinq minutes. Encore une fois, la nuance et l'interprétation du contexte n'est pas son point fort !

On remarque souvent également chez les asperger HP, en particulier chez les enfants, une difficulté à faire semblant, à imaginer des situations qui ne sont pas réelles. Les jeux de simulation avec des figurines, des poupées ou autres sont peu utilisés en général. Utiliser un objet pour une fonction qui n'est pas la sienne originellement peut être compliqué pour un asperger HP, comme lui demander de jouer avec une gomme en faisant semblant que c'est une petite voiture.

L'accès aux différents souvenirs, positifs ou négatifs, chez certains asperger HP

Pour la plupart des gens, lorsqu'on évoque son passé, il est naturel de se souvenir d'évènements positifs et d'autres négatifs, voire traumatisants. Chez certains asperger HP, cet accès aux souvenirs n'est pas si simple, en particulier l'accès aux souvenirs positifs. On pourrait presque parler de malédiction pour les personnes étant sujet à cette problématique : les souvenirs positifs glissent sur leur mémoire et il n'en reste aucune trace, même quelques jours après l'évènement. En revanche les souvenirs négatifs restent parfaitement ancrés pour très longtemps.

Cette particularité fait que ces asperger HP n'ont que rarement, parfois jamais, envie d'entreprendre une activité qui sort de leur routine. Toute nouvelle expérience n'induira que des souvenirs négatifs, et la personne en est parfaitement consciente. Trouver un sens à leur vie peut être compliqué et la projection dans un futur proche ou lointain est plus que jamais problématique pour eux.

> Victor, jeune asperger HP de 18 ans, est un passionné d'histoire. Ses parents lui proposent d'aller passer un séjour de quelques jours en famille dans un parc à thème historique pendant ses vacances. La réaction de Victor est de refuser d'emblée cette proposition. Lorsque ses parents lui demandent pourquoi, il répond : « parce que quoiqu'il se passe là-bas, et même si j'apprécierai sur le moment ce qui s'y passe, je ne me souviendrai que des aspects négatifs de ce séjour : qu'il a fait trop chaud, que les files d'attentes étaient interminables, que la chambre d'hôtel était mal isolée et que j'ai mal dormi à cause du bruit... Donc je ne vois pas l'intérêt d'y aller, économisez votre argent, je préfère rester à la maison à faire mes activités quotidiennes ». Ses parents iront donc dans ce parc sans Victor, qui appréciera d'autant plus d'avoir la maison familiale pour lui tout seul !

Dans certains cas l'asperger HP pourra visualiser certains souvenirs positifs, mais ils passeront au second plan par rapport aux souvenirs négatifs qui occuperont toute la place lorsqu'un évènement passé sera évoqué.

J'ai eu l'occasion dans de rares cas de constater l'effets inverse où la personne n'avais accès qu'aux souvenirs positifs, mais pas aux souvenirs négatifs. Plus exactement les souvenirs négatifs n'étaient pas ressentis comme négatifs malgré le fait qu'intellectuellement la personne avait conscience de leur négativité. Dans ces quelques cas, l'asperger HP fait preuve d'une grande naïveté sociale et n'arrive pas à concevoir qu'une autre personne puisse agir méchamment délibérément. Ce genre de personnes sont des victimes potentielles pour des personnes toxiques comme les pervers narcissiques.

L'hypersensibilité est toujours un des traits privilégiés par les pervers narcissiques pour assoir leur emprise sur leur victime, mais dans le cas des asperger HP ayant une grande naïveté sociale ne leur permettant pas de voir le mal, la situation est encore plus compliquée puisque même après une rupture dans la relation, la personne ne peut pas voir la toxicité chez l'autre. Elle reste donc dans son fantasme de l'être idéal, malgré la connaissance des propos ou des actes néfastes qui ont ponctué toute la durée de leur relation. Dans ces cas-là, seule une absence totale de contact et beaucoup (vraiment beaucoup) de temps permettront à la personne de s'affranchir de cette relation toxique.

Un asperger HP vit essentiellement dans le présent

Vivre le quotidien est déjà une difficulté en soi pour de nombreux asperger HP. Ce qui semble anodin pour la plupart des gens, comme aller à son travail le matin, peut être une source d'angoisse récurrente pour ces personnes hyper anxieuses. Se questionner mille fois sur la pertinence des habits choisis pour la journée, prendre sa voiture et faire face aux potentiels bouchons et/ou accidents, faire la bise à ses collègues, redouter la petite réunion de 11h00 durant laquelle il faudra faire une présentation de son travail devant une dizaine de personnes, gérer la cantine du midi et son brouhaha assourdissant… autant de détails qui peuvent envahir les pensées d'un asperger HP.

Comme la capacité du cerveau à s'inquiéter est limitée et qu'il est déjà bien chargé par les tracas du quotidien, les problématiques futures ou passées n'ont que peu de place d'une façon générale. Pour beaucoup d'asperger HP, ce qui va se passer dans un mois leur semble très loin ! Ils se préoccupent davantage de ce qui va se passer le jour même ou dans les quelques jours à venir. Cela limite d'autant plus leur possibilité à envisager une nouvelle situation sur le long terme et à s'y préparer. Cela inhibe également leur capacité à structurer un plan d'action pour des projets tels qu'un déménagement ou un changement professionnel par exemple.

Un autre aspect de cette difficulté à se décoller du présent concerne la moindre incidence des traumatismes du passé pour la plupart des asperger HP. En effet, pour eux, le passé est le passé et n'a que peu d'impact sur leurs ressentis du présent. Même lorsqu'une blessure du passé est présente, j'ai pu constater que le simple fait d'en parler une fois ou deux en séance suffisait à relativiser cette blessure et à ce qu'elle ne constitue plus un traumatisme. À titre de comparaison, pour un patient neurotypique, les mêmes blessures peuvent nécessiter six ou sept séances, voire plus dans certains cas. Cette particularité des asperger HP peut, pour une fois, être considérée comme un « avantage » de cette problématique.

Isabelle est une asperger HP âgée de 18 ans qui vient consulter pour un mal-être et des angoisses de plus en plus présents depuis quelques mois. Elle est actuellement en terminale générale dans un lycée et sa scolarité se passe bien, tant sur le plan scolaire qu'au niveau de ses relations avec ses pairs.
Dans son histoire de vie, Isabelle raconte qu'elle a été victime d'un viol lors d'une soirée il y a deux ans. Pourtant lorsqu'elle en parle, cet évènement semble bien assimilé. Aucune angoisse ou malaise n'apparaît en l'évoquant, malgré le fait qu'elle n'ait effectué aucun travail spécifique pour soigner ce traumatisme depuis qu'il est apparu. Pour Isabelle, c'est passé et elle ne voit pas l'intérêt d'en faire tout un plat, même si cela reste un mauvais souvenir.
En revanche lorsqu'on parle des projets d'étude de l'année prochaine, l'angoisse est palpable avec même quelques pleurs. En effet, elle doit quitter le domicile familial pour faire ses études dans une autre ville. La simple idée de devoir vivre seule en autonomie dans un nouvel environnement la terrifie et est clairement la raison de son mal-être actuel. La peur du changement prochain est largement plus traumatisante pour elle que le fait d'avoir été violée dans son passé.

Un asperger HP aime souvent vivre la nuit

Ce n'est pas toujours le cas bien sûr, mais assez souvent l'asperger HP se sent naturellement plus apaisé la nuit, lorsque tout le monde est normalement en train de dormir, que tout est calme, que le monde n'est plus en effervescence. Il aura donc naturellement tendance à décaler son heure de coucher pour profiter de ces moments apaisants, au point parfois de se retrouver complètement décalé dans son cycle de sommeil pour peu qu'il n'ait pas d'obligation d'horaires. Évidemment, cela peut poser plusieurs problèmes vis-à-vis de la vie en communauté si l'asperger HP ne vit pas seul. De plus il peut être pour lui assez difficile de retrouver un rythme de sommeil normal lorsqu'il doit reprendre une activité professionnelle par exemple. Mais indépendamment de cet écart à la normale, il faut bien comprendre que pour lui ce rythme est vraiment celui qu'il préfère et qui l'apaise. Dans des situations où l'objectif est justement d'atteindre une situation apaisée, le mieux est donc d'accepter cette différence si l'impact n'en est pas trop important.

La relation particulière entre les asperger HP et les animaux

Pour l'immense majorité des asperger HP, il y a une très forte complicité avec les animaux, en particulier les chats, parfois les chiens, mais surtout les chevaux pour ceux qui ont eu l'occasion de les côtoyer. Pour eux, les animaux sont souvent plus importants que les humains. Les besoins d'un animal passent souvent avant les besoins de l'asperger lui-même ou de ses proches. Entendre un chat miauler parce qu'il a faim peut être insoutenable pour l'asperger HP et il fera tout pour aider le pauvre animal.

Un animal ne ment pas, ne triche pas, ne fait pas semblant. L'asperger HP peut donc s'ouvrir à lui sans crainte d'être trahi ou de mal interpréter les codes sociaux. Il peut laisser son hypersensibilité s'exprimer sans retenue et ça lui fait un bien immense de pouvoir être authentique avec un être vivant. Il arrive parfois qu'un asperger HP soit très froid, sans émotion avec ses proches, n'exprime pas grand-chose de ses sentiments, mais qu'il soit très câlin avec son chat et que ce soit le seul être vivant à qui il ait pu dire « je t'aime ». J'ai pu observer certains cas où les seuls confidents de l'asperger HP depuis sa plus tendre enfance étaient ses chats et ses chiens. Si vous entrez dans une pièce avec Mistigri, le chat de la maison dans les bras, votre fils asperger HP pourrait fort bien dire un « bonjour » plein d'émotions à son chat sans vous adresser le moindre regard, sans pour autant que cela ne représente une quelconque rancœur à votre égard.

La connexion qui existe entre les asperger HP et les chevaux est encore plus forte, et dans les deux sens. Il semblerait que le cheval soit un animal particulièrement hypersensible et le lien avec un être humain hypersensible également est presque une évidence. À travers les témoignages que j'ai pu recueillir, le lien entre un asperger HP et son cheval relève presque de la télépathie. L'animal « sent » l'état psychique de l'asperger HP et agit en conséquence, se mettant tantôt en protecteur, tantôt en soutien émotionnel de son maître (si tant est que le cheval ait un maître !). De même, l'asperger HP est particulièrement sensible à son cheval. Sa simple présence peut avoir un effet apaisant dans de nombreuses situations.

Dans certains cas l'animal sera le seul être vivant que l'asperger HP laisse rentrer dans sa bulle. Si cela est logistiquement possible, la présence d'un animal auprès d'un asperger HP est vraiment une composante importante lui permettant de se sentir mieux dans sa vie.

La complicité entre les asperger HP et les animaux est parfois plus authentique qu'avec des êtres humains

Le rôle de l'alcool pour l'asperger HP

Dans certains cas l'asperger HP ne boit jamais d'alcool car « il n'aime pas ça ». Souvent c'est le cas en présence d'une hypersensibilité gustative, l'alcool étant une substance avec un goût assez fort. Mais dans de nombreux cas l'alcool joue un rôle spécial dans la vie de l'asperger HP.

La plupart du temps il permet à l'asperger HP de se désinhiber lors de soirées entre amis ou collègues. D'une façon générale, toute situation sociale impliquant plusieurs personnes est, dans une certaine mesure, une source de stress pour lui, même avec des amis ou des proches. Il doit faire attention à ce qu'il dit, faire des tonnes de scénarii possibles selon les interactions sociales potentielles qui peuvent se passer, fournir des efforts pour ne pas mal interpréter l'attitude des autres, craindre d'avoir dit une bêtise dans telle ou telle situation... Voilà ce qui se passe assez souvent pour l'asperger HP lors d'une soirée avec du monde autour, et même s'il peut apprécier ces moments, ils sont épuisants pour lui. L'alcool permet de fortement limiter ces questionnements et ce stress social : après quelques verres l'asperger HP peut être plus « authentique », ne plus se poser mille questions vis-à-vis de sa posture par rapport aux autres et profiter pleinement de sa soirée sans trop de stress. Il est donc naturel que la plupart des asperger HP aient pris l'habitude de consommer de l'alcool lors des regroupements sociaux. Qui plus est, comme nous l'avons déjà évoqué, ils ne ressentent que peu, voire pas du tout, les effets de l'ébriété liés à l'alcool : pas de perte d'équilibre, de tête qui tourne, d'élocution laborieuse… ce qui est plutôt positif ! En revanche, ils n'ont pas non plus vraiment conscience des limites pour boire, ce qui peut effectivement poser un souci dans certains cas, car l'excès d'alcool les conduit au blackout comme les autres personnes.

Ce rôle de désinhibiteur social peut être également recherché dans les relations intimes. Là aussi l'alcool permet à l'asperger HP de se libérer et d'accéder à une sexualité qui peut potentiellement être une source de stress en temps normal. Nous développerons plus en détail cet aspect dans la partie concernant la sexualité chez les asperger HP.

Nous avons vu l'intérêt de l'alcool lors de soirées, d'une façon plus générale l'alcool joue un rôle apaisant pour l'asperger HP, même lorsqu'il est chez lui dans sa zone de confort. Dans ce cas la consommation d'alcool est ritualisée : toujours le même type d'alcool, même marque, toujours au même moment de la journée. Si les circonstances de vie changent, alors le rituel n'a plus lieu d'être sans que ça génère le moindre manque, contrairement à un schéma d'alcoolisme classique.

Bernard est un asperger HP de 48 ans, chef de rayon dans un magasin de bricolage. Il est marié et a deux enfants, tout se passe bien dans sa vie. Il est passionné par son travail et le bricolage en général, y compris chez lui. Le soir, quand il rentre de sa journée de travail, il est cependant épuisé d'avoir dû se confronter aux clients et aux relations sociales entre collègues. Depuis de nombreuses années, il a pris l'habitude de s'enfermer dans son atelier en rentrant du travail vers 18h30 pour siroter un ou deux verres de whisky de sa marque préférée. Cette activité perdure également le week-end, mais uniquement si la famille a reçu du monde chez elle.

Pourtant, lorsqu'ils partent en vacances, Bernard ne touche pas une seule goutte d'alcool pendant parfois plusieurs semaines. Il ne boit jamais non plus à table, à part exceptionnellement lors de soirées ou lorsqu'ils reçoivent des invités. Sa femme s'inquiète de sa consommation d'alcool pour sa santé, mais Bernard ne se voit absolument pas comme un alcoolique dans la mesure où il peut arrêter sans problème et sans symptôme de manque.

Ce rôle apaisant de l'alcool pour l'asperger HP peut parfois entraîner des consommations importantes, et facilement assimilables à de l'alcoolisme. Il est important de bien faire la part des choses entre la personne ayant besoin de sa dose d'alcool quotidienne et la personne ayant besoin de l'alcool pour éliminer le stress et les angoisses de la journée. Dans le premier cas il s'agit d'un alcoolisme classique, dans le second cas il s'agit d'un asperger HP ayant une vie trop stressante pour lui, mais qui pourrait très bien se passer de l'alcool si son environnement social, familial ou professionnel pouvait être mieux adapté. On ne viendra pas en aide à ces deux personnes de la même manière, d'où l'importance d'identifier le rôle de l'alcool en lien avec la problématique de la personne.

Dans certains cas également il est possible que l'alcool ait une fonction « somnifère ». L'asperger HP a très souvent de gros problèmes pour s'endormir : le cerveau qui turbine à fond, surtout le soir lorsqu'il est livré à lui-même, la fréquence cardiaque bien souvent au-dessus des normes, l'angoisse du vide… autant de facteurs qui peuvent générer des difficultés à l'endormissement. Certains asperger HP (mais parfois également des HP tout court) trouvent le sommeil en ingurgitant une quantité importante d'alcool avant de dormir, pour apaiser les ruminations de leur cerveau. Là encore, il ne s'agit pas d'alcoolisme classique, mais bien d'un problème de sommeil qui peut être résolu avec autre chose que de l'alcool.

Les addictions chez l'asperger HP

Comme nous venons de le voir, il est important de bien faire le distinguo entre addiction et rituel d'apaisement pour l'asperger HP. De ce que j'ai pu constater grâce aux nombreux cas cliniques avec qui j'ai pu m'entretenir, les addictions n'ont que très rarement de prise sur les asperger HP. En dehors de la cigarette qui reste une addiction « chimique », la plupart du temps les asperger HP sont rarement sujets aux addictions. Leurs rituels d'apaisement sont certes pratiqués régulièrement et ils en ont besoin, mais s'ils sont dans un environnement calme, où ils se sentent en sécurité, alors ces rituels n'ont plus lieu d'être. Contrairement aux addictions normales, ils ne vont pas chercher systématiquement à obtenir l'objet de leur addiction s'ils n'en n'ont pas besoin. C'est en particulier le cas pour l'addictions aux écrans : tablettes numériques, jeux vidéo, vidéos en tout genre sont bien souvent un moyen pour l'asperger HP de rentrer dans sa caverne et de régénérer après une situation stressante, mais il ne cherchera pas à maintenir cette activité en permanence.

Alexis, jeune asperger de 21 ans, a arrêté ses études après son bac. Après plusieurs essais infructueux, il est un peu perdu quant à la suite de son parcours d'études ou professionnel et passe le plus clair de son temps sur son ordinateur à jouer aux jeux vidéo. Ses parents s'inquiètent car il peut parfois y rester réellement toute la journée jusqu'à tard le soir. Pourtant, étant passionné d'histoire, il ne refuse jamais de faire une visite de musée ou toute autre manifestation culturelle liée à l'histoire.

Ses parents lui proposent un voyage culturel d'une semaine. Durant cette semaine, Alexis ne joue que très ponctuellement à ses jeux, essentiellement le soir sur son téléphone lorsqu'il rentre à l'hôtel. Cela lui permet de régénérer des évènements de sa journée. Il ne ressent aucun manque du fait de ne pas jouer dans la mesure où il est occupé en permanence durant ce séjour culturel. En revanche, dès le retour à la maison, il recommence à être une bonne partie de son temps sur les écrans, n'ayant rien d'autre à faire.

Je pense que la faible propension des asperger HP à l'addiction pourrait venir de leur difficulté à se projeter dans le futur. Une personne en proie à une addiction aura tendance à planifier sa journée, à anticiper ses actions pour optimiser le temps où elle pourra interagir avec l'objet de son addiction. Or un asperger HP vit essentiellement dans le présent, il a du mal à structurer un futur en fonction d'envies auxquelles il n'a que peu d'accès. Cette explication n'est bien sûr qu'une hypothèse, mais elle est cohérente avec le mode de fonctionnement que l'on observe chez les asperger HP.

Comme pour l'addiction à l'alcool, lorsqu'un asperger HP semble en proie à une addiction, il faut toujours se poser la question du rôle que joue cette activité dans sa vie. Si elle n'est pas toxique ou dangereuse et qu'elle lui permet de mieux gérer certaines situations, ou son anxiété en général, alors l'activité ne doit pas être vue comme une addiction mais comme un rituel qu'il est bénéfique de préserver.

Les performances hors du commun d'un asperger HP

Rappelons tout d'abord que ce qui définit un asperger HP est un mode de fonctionnement cérébral particulier compte tenu de l'épaisseur de la gaine de myéline très supérieure à la normale. Ce cerveau, qui fonctionne trop vite et qui envahit la personne par une hyper sensibilité exacerbée, peut aussi être la source de performances exceptionnelles, pour peu que la personne ait eu l'occasion de les développer.

En fonction de l'environnement de vie de l'asperger HP, en particulier dans son enfance ou son adolescence, il est effectivement possible qu'il n'ait jamais eu la possibilité de découvrir un centre d'intérêt spécifique dans lequel se développer. Mais dans bien des cas il a pu se passionner pour un domaine qu'il a fortement investi et dans lequel il excelle, même si lui-même ne remarque pas une performance particulière. Les domaines classiques, mais il en existe beaucoup d'autres, sont : le dessin, la musique, les mathématiques ou plus généralement les domaines demandant de la logique formelle.

Il peut être aussi extrêmement compétent dans un domaine où il a accumulé des connaissances, par une excellente mémoire. Voici quelques exemples concrets de ce que je considère comme des compétences exceptionnelles : composer à 12 ans sa première sonate après deux ans de pratique du piano, dessiner des tableaux hyper réalistes sans avoir suivi le moindre cours de dessin, inventer à 13 ans une méthode pour calculer de tête la racine carrée de n'importe quel nombre avec une précision de trois chiffres après la virgule, avoir en mémoire les paroles de plusieurs milliers de chansons, être capable de donner tous les ingrédients de la recette d'une sauce simplement en la goutant sans jamais se tromper. Ce ne sont bien sûr que des exemples qui sont déclinables à l'infini selon les domaines investis par les personnes.

Comme nous le disions, certains asperger HP n'ont pas encore trouvé leur voie. Il est probable que l'environnement de vie de ces personnes dans leur jeunesse n'ait pas été suffisamment serein pour qu'elles puissent développer ces centres d'intérêt spécifiques. Pour une personne hypersensible, la stabilité émotionnelle et affective, de même que le fait d'avoir une base de sécurité dans son foyer sont des conditions indispensables pour pouvoir développer un côté intellectuel, sportif ou artistique. La violence verbale ou physique, les tensions quelles qu'elles soient au sein du foyer sont autant de facteurs qui ne favoriseront pas l'émergence d'une compétence particulière. C'est vrai pour n'importe quel enfant, mais l'impact est encore plus important pour les hypersensibles et en particulier les asperger HP.

Heureusement, même avec une enfance compliquée, il est toujours possible d'accéder à une certaine forme de stabilité à l'âge adulte. Il n'y a donc pas vraiment d'âge pour se développer dans un domaine qui nous est cher. Il faut parfois un peu d'aide extérieure pour trouver sa voie, l'étayage étant d'autant plus important que la personne n'en a pas eu dans son enfance, mais l'asperger HP a forcément en lui le moteur adéquat pour développer certaines compétences.

L'asperger HP et les relations amoureuses

La sexualité chez l'asperger HP

L'armure anti-émotion de l'asperger HP induit un rapport particulier à la sexualité. En effet il existe chez la plupart des personnes présentant ce profil une dissociation entre le corps et l'esprit. Dans les relations intimes, il y a l'aspect purement physique et il y a un aspect émotionnel avec son ou sa partenaire. Dans la plupart des cas, l'asperger HP ressentira normalement le plaisir physique, et il l'appréciera, mais il se protégera de l'aspect émotionnel du fait de son hypersensibilité pour ne pas être submergé. Si l'on rajoute la difficulté à ressentir ce dont ils ont envie, la sexualité est rarement le centre d'intérêt majeur pour les asperger HP. C'est un domaine qui souvent ne leur pose pas de problème : ils sont tout à fait capables d'avoir une sexualité au sein de leur couple, mais ils seront rarement moteurs en la matière. Pour eux, faire l'amour une fois de temps en temps c'est bien, mais aller dans un bon restaurant c'est bien aussi. Il se trouve que ce manque d'appétence pour la sexualité se retrouve autant chez les asperger HP hommes que femmes. L'armure anti-émotions freinerait, en quelque sorte, la libido de ces personnes.

Cette particularité peut générer des problèmes au sein d'un couple en fonction des désirs de l'autre partenaire, mais comme les asperger HP s'attirent mutuellement, l'autre peut également présenter un profil similaire et ne pas y prêter non plus attention.

> Extrait d'une conversation au sein d'un couple d'asperger HP :
>
> Lui : « Au fait, ça fait plusieurs mois qu'on n'a pas fait l'amour, ça serait bien qu'on le fasse non ? »
>
> Elle : « Ah oui c'est vrai, tu as raison. Oui pourquoi pas alors... »

Le fait d'être potentiellement submergé par ses émotions lors de l'acte amoureux peut entraîner plusieurs conséquences chez les asperger HP :

- Comme la charge émotionnelle est importante dans la relation intime, il faut que l'asperger HP soit « disponible » mentalement. Pour peu qu'il traverse une situation de vie compliquée sur un plan émotionnel, que ce soit dans la sphère familiale, amicale ou professionnelle, il est probable qu'il ne soit pas disposé à avoir de relations intimes tant que son problème n'est pas réglé.
- L'accès à l'orgasme peut être difficile, voire impossible, pour certaines femmes asperger HP. En effet l'orgasme féminin peut être particulièrement intense et pour ces profils hypersensibles, il peut être la source d'une surcharge émotionnelle qui fait peur et qui bloque la personne. L'orgasme nécessite aussi une forme de « lâcher prise » qui peut être difficilement accessible à certaines femmes dans l'hyper contrôle ou l'hyper vigilance.
- Il peut y avoir parfois un blocage ou un rejet total de la sexualité. Une des explications possibles dans ces cas-là peut être un traumatisme vécu antérieurement par la personne. La particularité des asperger HP qui sont confrontés à ce cas de figure est qu'ils ont pu

cicatriser en apparence ce traumatisme, mais pas les conséquences de ce traumatisme. Plus concrètement, la personne peut très bien parler de ce qui s'est passé très calmement, sans être submergée, mais paniquer à la moindre situation qui lui fera revivre inconsciemment ce qu'elle a vécu, et ce sans qu'elle puisse faire le lien entre son traumatisme passé et l'angoisse ressentie actuelle.

La vignette clinique suivante permettra d'illustrer ce cas de figure.

Marie est une asperger de 35 ans, en couple depuis 10 ans avec Jean, son conjoint. Tout se passe bien dans leur couple excepté l'absence de sexualité depuis près de 8 ans. Marie ne voit aucun intérêt au sexe et a énormément de mal au fait d'être touchée au niveau des partie intimes. Pourtant dans les quelques aventures qu'elle a pu avoir avant de rencontrer Pierre, elle avait une sexualité relativement « normale » mis à part qu'elle faisait l'amour essentiellement pour faire plaisir à son partenaire. L'exploration du passé de Marie n'a pas mis en avant une quelconque agression sexuelle et il ne semble pas qu'elle ait pu occulter un tel acte. En revanche, elle se souvient qu'avec son dernier compagnon elle a réalisé qu'elle n'était pas obligée d'accepter un rapport si elle n'en avait pas envie. Cette prise de conscience a été très violente pour elle, car rétrospectivement elle a alors vécu ses dernières relations comme des relations forcées, ayant le même impact qu'un viol.
Même si Jean ne la force absolument pas dans ce domaine-là, Marie sait qu'il en a envie et cela lui met une pression car elle n'a pas accès à ses propres envies. Elle devrait donc le faire en se forçant un peu, ce qui vient réveiller le

traumatisme de ses relations passées, d'où ce blocage alors qu'il n'y a pas eu d'agression sexuelle « classique » dans son passé.

Ces différents blocages lors de l'acte amoureux peuvent parfois être partiellement ou totalement contournés avec le temps, lorsque la personne arrive à mettre un peu ses émotions de côté. Une autre possibilité plus rapide pour que l'asperger HP soit moins submergé par ses émotions consiste aussi à consommer une quantité variable d'alcool, permettant de lever certaines inhibitions. Un ou deux verres d'alcool est parfois un moyen de libérer une libido qui était enfouie sous plusieurs couches de craintes ou d'angoisses.

À l'inverse, on peut trouver aussi chez certains asperger HP une forme d'hypersexualité débordante en termes de fréquence des rapports. Dans ce cas il semblerait que l'acte sexuel ait la fonction de rituel d'apaisement dans la journée. Dans certains cas le fait de ne pas faire l'amour en fin de journée peut même générer un mal-être chez l'asperger HP, une forme de non-accomplissement de son rituel habituel. Dans le même principe, la masturbation peut également remplir ce rôle de rituel d'apaisement, en particulier le soir avant de s'endormir. Les quelques cas que j'ai pu rencontrer qui m'ont parlé de cette particularité ne rattachent pas cet acte à de la sexualité à proprement parler, mais bien comme une habitude qui les aide à trouver le sommeil. Là encore l'aspect purement physique prime sur l'aspect émotionnel, ce n'est pas une question d'envie ou de fantasme.

Qu'est-ce qu'aimer pour un asperger HP ?

Être en couple c'est ressentir des choses pour l'autre, c'est plonger dans le monde de l'émotionnel, c'est se laisser porter par ses sentiments. Il est clair que ce domaine est vécu de façon très particulière par un asperger HP qui a du mal à définir ses émotions et ses ressentis. Qu'est-ce qu'aimer pour une telle personne ? Cette question mérite qu'on s'y attarde un peu.

En général, un asperger est capable d'aimer comme tout le monde, mais comme il n'a pas accès à ses ressentis, il ne peut pas le voir. C'est-à-dire que d'un point de vue extérieur, lorsqu'on observe un asperger HP qui est en couple, on ne voit souvent aucune différence avec un couple normal : il est capable d'être attentif, câlin, tactile et son comportement ne laisse aucun doute sur le fait qu'il aime l'autre personne très sincèrement. Bien sûr, avec certains profils, on remarquera une distance ou une réserve vis-à-vis de l'autre, mais dans tous les cas si on lui demande explicitement est-ce qu'il aime la personne avec qui il est en couple, il aura tendance à ne pas vraiment savoir, la réponse à cette question est tout sauf évidente pour lui. Une des réponses classiques est « Je suppose que oui. ». Comme pour beaucoup d'émotions ou de sentiments, l'asperger HP est donc capable de ressentir l'amour, mais il n'arrivera pas forcément à le voir, son armure anti-émotion l'encombrant également dans ce domaine.

Clarisse est une asperger HP lycéenne de 18 ans. Elle a eu une relation amoureuse l'an dernier qui s'est terminée il y a 6 mois, son ancien petit copain étant parti avec une autre fille. La rupture amoureuse a été très mal vécue par Clarisse, elle a énormément pleuré, ne s'alimentait que très peu, elle n'arrivait plus à se concentrer en cours... On pouvait clairement identifier les signes d'une petite dépression. Pourtant maintenant que ça va mieux, lorsqu'elle évoque son ancien copain, elle affirme qu'en fait elle ne l'aimait pas, qu'elle ne ressentait pas grand-chose pour lui. Lorsque je la mets face à ce paradoxe de faire une dépression à la suite de son départ alors qu'elle ne l'aimait pas, elle n'a pas d'explication et ne comprend pas pourquoi elle a réagi comme ça.

Dans la mesure où le sentiment amoureux est difficile à être identifié, cela aura souvent un impact sur le type de personne dont l'asperger HP pourra tomber amoureux. La plupart du temps, il ne sentira pas le sentiment amoureux grandir en lui, il sera attiré par une personne qui répondra à ses besoins primaires d'apaisement et de sécurité, une personne qui ne le submergera pas : c'est ce critère qui vient en première ligne dans la relation. Attention toutefois à ne pas croire que l'asperger HP aime par profit, il n'en est rien. Il aime plus « par logique » de ce qu'apporte la relation, à défaut de ne pouvoir ressentir ce que cette relation apporte. Par ailleurs, il est peu probable que l'asperger HP soit lui-même moteur dans la mise en place d'une relation amoureuse. La relation amicale fusionnelle lui correspond souvent beaucoup mieux.

D'une façon générale un asperger HP aimera une personne qui pourra être pour lui un pilier dans les domaines de la vie quotidienne qui le submergent. De ce fait, certains critères importants dans une relation amoureuse « standard » le sont moins dans ce cas précis. En particulier le genre de la personne aimée n'est pas forcément important pour certains asperger HP. J'ai pu constater qu'une partie importante des personnes ayant ce profil peuvent aimer indifféremment les hommes ou les femmes. Le physique de la personne n'est pas non plus un critère fondamental pour beaucoup d'entre eux. Ce qui compte est avant tout la personnalité de l'autre. En général il faut une personne calme, posée, à l'écoute, patiente et tournée vers la relation d'aide et de soutien vis-à-vis de son partenaire. Bien évidemment elle doit être également hypersensible sans quoi il est très peu probable qu'une quelconque relation puisse naître de cette rencontre.

La vie de couple avec un asperger HP

Comme nous venons de le voir, lorsqu'un asperger HP est en couple, ça sera l'immense majorité du temps en couple avec une autre personne faisant partie de ce spectre de l'hypersensibilité, c'est-à-dire un HP ou un autre asperger HP. Les deux cas de figures sont souvent bien différents.

Dans le cas d'un couple d'asperger HP ça se passe souvent bien, de façon harmonieuse : s'ils sont ensemble c'est que leur zone de confort est très similaire et qu'ils ont chacun les mêmes besoins. Dans ce cas, il n'y a pas vraiment de pilier dans le couple et on constate une répartition des tâches et du soutien entre les deux conjoints. On peut cependant se trouver dans un cas de figure où l'un des deux joue le rôle du pilier alors qu'il n'est absolument pas fait pour ce rôle qui lui demande énormément d'efforts. C'est le cas, par exemple, si dans son éducation il a appris qu'il fallait être fort en toutes circonstances, qu'il fallait être autonome, ne pas montrer ses faiblesses, ou même dans le cas d'un asperger HP ayant un bouclier social lié au travail et qui a pour habitude d'être un battant en toute circonstances, malgré les efforts à fournir. Le couple tient alors grâce à ce pilier qui gère les affaires pour l'autre, et cela peut fonctionner... jusqu'au moment où un évènement de vie fait que le pilier est dépassé et se retrouve en situation de faiblesse : ça peut être l'arrivée d'un troisième enfant, un décès dans la famille, un burnout professionnel... L'équilibre dans le couple est alors rompu car le pilier doit se reposer sur l'autre, ou tout du moins ne peut plus assurer son rôle. C'est alors une source de conflits très compliquée car les deux personnes sont toujours très attachées l'une à l'autre mais ne sont plus compatibles en termes d'équilibre de couple. Paradoxalement, le changement n'étant pas leur tasse de thé, cette situation peut durer très longtemps, des années même, avant que l'un des deux ne craque vraiment.

Dans le cas d'un couple composé d'un asperger HP et d'un HP, la plupart du temps c'est le HP qui endosse le rôle de pilier sans que ça lui pose trop de souci, donc la problématique initiale est différente du cas que nous venons de voir. Elle réside essentiellement dans la disparité entre ce que peut donner l'asperger HP sur un plan affectif ou parfois sur un plan sexuel, et les besoins de la personne HP. Dans de nombreux cas le couple est issu d'une amitié à la base : il existe entre les deux une forte complicité, une connexion, un bien être réciproque entre les deux personnes, donc pourquoi ne pas se mettre en couple ? Mais sur le plan affectif, au niveau des petites attentions de tous les jours, l'asperger HP a déjà donné ce qu'il pouvait fournir en tant qu'ami ! Le passage au mode de fonctionnement « en couple » ne change souvent pas grand-chose à sa façon d'être vis-à-vis de son ou sa partenaire. En revanche, les attentes de la personne HP sont différentes et bien souvent cette personne se retrouve frustrée dans cette relation.

Amandine et Philippe sont des amis de longue date qui aiment aller marcher dans la nature régulièrement ou aller voir un bon film rétro dans le vieux cinéma de leur ville. Célibataires tous les deux, un jour arrive où leur relation évolue vers celle d'un jeune couple. Les débuts se passent très bien, leur complicité intellectuelle et le partage de leur

sensibilité commune étant une base forte dans cette relation amoureuse récente.
Cependant, assez rapidement, Philippe a tendance à revenir dans une forme de routine, les attentions qu'il portait à Amandine au début de leur relation se font plus rares car elles lui demandaient beaucoup d'efforts. Amandine a de plus en plus l'impression d'être une plante verte dans un décor imposé tacitement par Philippe, elle se flétrit petit à petit dans ce qui ressemble de plus en plus au fil des mois à un désert affectif. Son rôle se borne de plus en plus à gérer les tâches quotidiennes pour lesquelles Philippe a toujours eu du mal à s'y mettre, excepté la gestion des repas.
Lorsqu'elle en discute avec Philippe, il ne comprend pas ce qui manque à sa compagne, d'après lui tout va bien et ils ont tout pour être heureux, la notion de besoin affectif qu'exprime Amandine lui est totalement inaccessible. Lorsqu'elle lui exprime qu'elle a l'impression qu'il ne l'aime plus, il lui répond « mais si je t'aime puisque je te fais à manger ». Pourtant, elle ne le quittera pas pour autant : d'une part car elle est très attachée à lui, d'autre part car il est devenu fortement dépendant d'elle sur un plan logistique et qu'il aurait du mal à se débrouiller seul dans sa vie. Partir générerait chez Amandine un sentiment de culpabilité qui serait inacceptable du fait de son hypersensibilité.

Cette situation clinique n'est qu'un exemple bien sûr, mais c'est un cas qui est cependant assez classique. Ce genre de relation peut durer réellement des dizaines d'années, surtout si le couple a des enfants. La personne HP, que ce soit l'homme ou la femme, accepte ce manque affectif pour éviter ce sentiment de culpabilité – induit néanmoins, rappelons-le, par les sentiments pour l'asperger HP – et pour le bien-être des enfants via la sauvegarde du foyer. Pourtant, en fonction des évènements de vie, cet équilibre peut être rompu et la personne HP peut ne plus pouvoir faire face à la situation. Les évènements les plus classiques sont :

– L'arrivée d'un enfant, souvent le troisième : la charge de travail est alors augmentée et dépasse ce que pouvait gérer le pilier de la maison. Il est obligé de se reposer partiellement sur l'asperger HP qui ne sait pas ou en tout cas n'est pas du tout habitué à gérer cette situation. Il en résulte un énervement des deux côtés : le pilier ne trouve pas juste que pour une fois qu'il demande de l'aide il ne l'obtienne pas, et l'asperger HP en veut à l'autre de le sortir de sa zone de confort.

– Un burnout professionnel qui fragilise ce même pilier. La charge de travail à la maison ne change pas, mais il n'est plus capable d'y faire face et a besoin dans ce cas également de se reposer sur l'asperger HP. Il en découle les mêmes conséquences que dans le cas précédent.

– Le pilier développe des sentiments pour une personne en dehors du couple. Dans ce cas l'équilibre est rompu car le pilier trouve à l'extérieur du couple une source affective. Il n'en découle pas forcément une relation extraconjugale, mais cette personne extérieure pouvant combler potentiellement le vide affectif du pilier vient réveiller le manque qui avait été bien souvent occulté pendant des années. Imaginez-vous sur une île déserte à manger des noix de coco pendant des années. Vous vous êtes habitué aux noix de coco, mais si par hasard il vous ait permis de goûter à un succulent repas, la noix de coco n'a tout d'un coup plus aucun attrait, même si vous vous en contentiez les années auparavant. En d'autres termes, le pilier aura plus de mal à supporter le vide affectif de son foyer et il est fort probable que la relation avec l'asperger HP se dégrade du fait de l'existence d'une relation extérieure, même potentielle.

La vie de couple avec un asperger n'est pas uniquement une source de frustration ou de contraintes bien sûr, et il y a une multitude de possibilités. Je n'ai décrit ici que quelques cas classiques pouvant générer des difficultés. Il y a aussi des côtés très positifs au fait de vivre avec un asperger HP.

Pour commencer, le besoin de routine de vie de l'asperger HP fait que si la relation de couple se passe bien et est en équilibre, elle est capable de durer des dizaines d'années : le passage du temps n'altère pas les couples asperger HP aussi profondément que beaucoup de couples classiques. Vivre avec un asperger HP c'est aussi vivre avec une personne qui ne sait pas mentir dans l'immense majorité des cas : on peut lui faire confiance de façon aveugle et durable. La confiance au sein du couple est particulièrement solide et est également une source de stabilité et de pérennité.

Par ailleurs, comme nous l'avons dit, un asperger HP ou un HP ne pourra vivre qu'avec une personne partageant sa sensibilité et cela correspond à une minorité de la population en général. Il est donc important de préserver un couple qui fonctionne globalement bien. Souvent la bonne volonté de chacun et l'aide d'une tierce personne pour mieux communiquer permettent d'aplanir bien des difficultés et de restaurer un équilibre au sein du foyer qui a pu être mis à mal par des situations de vie ou une incompréhension ponctuelle.

L'asperger HP face au monde du travail

Il n'y a pas vraiment de modèle type qui permettrait de définir comment un asperger HP peut s'intégrer dans le monde du travail, mais on peut repérer néanmoins différentes catégories qui, regroupées, correspondent à une grande majorité des cas.

Tout d'abord, cas le plus simple, l'asperger HP avec un bouclier social lié au travail : dans ce cas, bien souvent, il n'y a pas de problème apparent puisqu'il s'est justement construit un modèle social lui permettant d'être dans son élément lorsqu'il est au travail. Il peut être parfaitement intégré socialement parmi ses collègues, ou être en marge des manifestations sociales professionnelles, mais dans tous les cas il est apprécié pour ses compétences, son sérieux et son investissement. Ce modèle peut être très stable pendant de nombreuses années, même des décennies, tant que l'asperger HP ne se retrouve pas broyé dans un système où il ne peut plus assurer son travail correctement. Les trois cas de figure les plus classiques conduisant à cette situation sont :

- Une réduction des effectifs et une répartition de la charge de travail sur ceux qui restent, auquel cas l'asperger HP risque, comme tout le monde, l'épuisement et de faire un burnout.
- L'arrivée d'un nouveau supérieur qui prend en grippe l'asperger HP, qui se retrouve alors victime d'un harcèlement moral où sa valeur travail est mise à mal

par son supérieur au travers d'insultes ou de dénigrement du travail accompli.
- La présence d'un ou d'une collègue toxique pour l'asperger HP : soit une personne trop agressive, soit une personne essayant de dénigrer l'asperger HP vis-à-vis des supérieurs, soit tout simplement une personne d'où émane un profond mal-être qui submerge l'asperger HP.

Dans les deux premiers cas, l'asperger HP est attaqué directement dans sa valeur travail. Or c'est à travers cette valeur qu'il définit son identité, qu'il a trouvé une place dans notre société. Sans cette valeur, la plupart du temps, il n'est plus rien. Il sera très compliqué pour lui de remonter la pente une fois cette valeur détruite, surtout si cela arrive assez tardivement dans sa vie professionnelle. L'asperger HP ayant ce modèle travail doit se protéger encore plus que d'autres personnes d'un potentiel burnout.

Dans le troisième cas, l'asperger HP n'est pas attaqué dans sa valeur travail, mais il ne peut plus se concentrer convenablement du fait d'être émotionnellement submergé. Il aura tendance à focaliser sur la personne toxique et à petit à petit s'épuiser, pour finir également en burnout avec les mêmes conséquences que dans nos deux premiers cas.

Michèle est une asperger HP de 50 ans. Elle travaille depuis 25 ans dans une petite entreprise de confection de prêt-à-porter dans une ville de province de taille moyenne. Elle n'a pas d'enfant mais elle a un compagnon, qui possède son propre logement, qu'elle voit une ou deux fois par semaine. Sa vie est bien réglée, elle sort de temps en temps avec ses trois collègues de travail ou son compagnon, mais le reste du temps est essentiellement consacré au travail et

à un repos bien mérité le soir chez elle après des journées très chargées. L'ambiance au travail est excellente, le directeur étant quelqu'un de très humain, à l'écoute de ses quatre salariées.
Pourtant un jour, le directeur part à la retraite et cède l'entreprise à une jeune cadre qui n'a pas du tout la même vision du management. Les résultats sont la priorité et elle impose de modifier de façon importante les techniques de travail, argumentant que ce qui se faisait avant c'était « du n'importe quoi ». Elle a tendance à dénigrer ses salariées, et à régulièrement hausser le ton dès qu'elle n'est pas satisfaite des résultats ou de la façon de faire, c'est-à-dire quasiment tout le temps.
Michèle essaie de satisfaire sa nouvelle directrice car l'approbation de ses supérieurs a toujours été fondamentale pour elle, comme pour ses parents lorsqu'ils travaillaient encore. Elle augmente ses heures de travail, en prenant sur elle, mais cette nouvelle pression, combinée à une ambiance de travail qui s'est fortement dégradée, la fait plonger peu à peu jusqu'au jour où sa directrice la traite « d'incapable » devant tout le monde. Elle rentre alors chez elle effondrée, incapable de reprendre le travail. Ses collègues ont beau lui dire de prendre du recul, de ne pas faire attention au ton employé par la directrice, rien n'y fait.
Michèle aura énormément de mal à remonter la pente de son burnout. Au bout de deux ans d'arrêt de travail, elle est moins au fond qu'elle ne l'a été, mais quelque chose s'est brisé en elle et la reprise d'un quelconque travail lui semble encore impossible. Elle n'arrive plus à se concentrer et a tendance à rester chez elle le plus possible en évitant le regard des autres sur cette situation qu'elle n'arrive toujours pas à accepter. L'énergie qu'elle puisait dans son travail s'est tarie et rien dans sa vie n'arrive à remplacer cette source.

On retrouve ensuite le cas d'un asperger HP ayant développé un bouclier social, mais pas lié au travail. Dans ce cas-là, il saura quand même comment interagir avec les personnes dans son cadre professionnel, même si dans certains cas, selon le modèle utilisé, il pourra y avoir un décalage plus ou moins important remarqué par les collègues. Ce genre de profil peut également être relativement stable dans le temps. Le risque est un licenciement nécessitant une reconversion professionnelle : dans ce cas l'asperger HP est souvent perdu, ne sait pas vraiment dans quelle branche travailler et peut faire des choix qui sont peu compatibles avec un environnement de travail adapté à lui. Le burnout professionnel sera moins compliqué à gérer que dans le cas de l'asperger HP avec le bouclier travail car son identité propre n'est pas menacée par un échec professionnel, mais la recherche d'un nouvel emploi est réellement problématique et l'emploi trouvé l'est généralement par défaut.

Dans le cas des asperger HP sans bouclier social, l'insertion dans le monde professionnel est cependant un problème majeur, qui ne trouve malheureusement pas toujours de solution. Les personnes dans ce cas n'ont pas ou peu de codes pour communiquer avec le monde extérieur. Ils ont peur en permanence de mal agir, de dire quelque chose d'inapproprié, de ne pas comprendre les attentes d'un supérieur ou d'un collège. Le regard des autres sur leurs agissements est une source d'angoisse omniprésente dans les situations sociales. Ce sont aussi des éponges émotionnelles et parfois sensorielles : l'environnement d'une société ou d'une usine est rarement adapté à eux, et ils sont la grande majorité du temps submergés très rapidement, ce qui conduit inévitablement à des angoisses sur le lieu de travail. Si l'on rajoute la grande difficulté, voire l'impossibilité, à savoir ce qui leur plait vraiment ainsi que leur difficulté à se projeter dans une nouvelle situation, les asperger HP sans bouclier social ont d'immenses difficultés tant à s'orienter vers un quelconque travail qu'à le maintenir au-delà de quelques mois.

Cette catégorie d'asperger HP sans bouclier social arrive généralement jusqu'au bac, parfois avec difficultés, parfois en ayant suivi des études à distance après une déscolarisation consécutive à une phobie scolaire selon leur histoire de vie et l'environnement scolaire ou familial auquel ils ont été confrontés. C'est l'arrivée dans le post bac qui commence à poser souci car l'orientation professionnelle devient plus concrète et se heurte à leur difficulté à se projeter. C'est souvent même une source d'angoisse importante dans la mesure où l'environnement des études post bac change considérablement des habitudes du lycée.

Les difficultés les plus importantes sont :

- Un environnement de travail où l'on demande beaucoup plus d'autonomie que dans les années collège/lycée. Une méthode de travail est souvent indispensable : prise de notes, organisation du temps de travail pour des examens plus espacés (partiels, examens en fin d'année), quantité d'informations à mémoriser plus importante qu'avant.
- Un environnement social différent de celui des études secondaires. Les relations entre étudiants sont différentes de celles entre lycéens, les relations d'amitiés sont plus profondes, les couples se forment de façon plus durable. Du fait de leur nouvelle autonomie, ils ont plus tendance à sortir, faire des voyages, avoir des activités entre eux et la vie

étudiante pousse les étudiants dans ce nouveau champ exploratoire. Pour l'asperger HP ce sont autant de paramètres nouveaux à intégrer et qui le submergent bien souvent, d'autant plus qu'il doit les vivre la plupart du temps en dehors du cocon familial auquel il était habitué.

- L'éloignement du foyer familial. Bien souvent, l'étudiant doit faire ses études loin de chez ses parents où il vivait jusqu'à présent. Cet éloignement et la nécessité d'avoir un logement étudiant, que ce soit en cité universitaire ou dans un studio, demande une autonomie logistique que l'asperger HP n'a pas forcément mise en place tant qu'il vivait avec ses parents. La préparation des repas, le ménage, faire les courses, prendre les transports en commun... autant de sources de stress potentielles qui viennent se cumuler avec celles liées à l'assimilation d'un nouvel environnement de travail.

J'insiste sur cette phase critique du post bac pour les jeunes asperger HP sans bouclier social car les difficultés rencontrées et les premières impossibilités de progression commencent à ce moment-là. Certains pourront aller jusqu'à la fin de leurs études, souvent avec beaucoup d'effort et de difficultés, d'autres arrêteront en cours de chemin soit parce que l'environnement étudiant était trop submergeant, soit car ils ne savent pas ce qu'ils veulent faire et ne se reconnaissent pas dans ces études qui leur demandent un effort immense.

Florence est une asperger HP de 35 ans, actuellement sans emploi. Élève brillante, elle a sauté deux classes en école primaire, elle a eu son bac S sans trop de difficultés, puis s'est orientée vers une classe préparatoire maths-physique. Les difficultés de ces études, combiné au fait qu'elle a dû se retrouver à 200 km de son foyer familial à 17 ans en totale autonomie, l'ont plongée dans une dépression et elle a dû mettre un terme à son année scolaire au bout de trois mois. L'année d'après, elle s'est orientée vers une fac d'histoire sans trop de conviction, mais le fait de se retrouver dans des amphithéâtres de 150 personnes était trop submergeant pour elle : trop de bruit, trop de gens... Elle a alors commencé à chercher des petits boulots alimentaires, mais à chaque fois ça s'est mal passé car soit ses interactions avec ses supérieurs ou ses collègues étaient trop décalées, soit certains collègues toxiques la mettaient à mal et la submergeaient. Elle a pourtant essayé de trouver la stabilité dans le travail, mais elle n'a jamais réussi à tenir un job plus d'un mois avant de tomber en dépression ou d'être licenciée. Actuellement elle survit avec le RSA, un dossier de demande d'Allocation Adulte Handicapé est en cours de traitement auprès de la MDPH (Maison Départementale pour les Personnes Handicapées).

Lorsqu'on parle de relations toxiques au niveau des collègues ou des chefs des asperger HP dans le cadre professionnel, il faut bien comprendre que cette toxicité n'existe que pour l'asperger HP du fait de sa nature hypersensible. La plupart des gens qualifierait cette relation comme un peu « lourde » ou désagréable, un peu envahissante, mais elle ne les submergerait pas forcément. Ça peut être simplement une collègue de travail qui traverse une mauvaise passe et qui a besoin d'exprimer son mal-être à ses autres collègues en en parlant un peu trop souvent dans la journée. Les autres collègues lui feraient comprendre, plus ou moins subtilement, que ses soucis ne regardent qu'elle et cette collègue éviterait alors d'en parler. Mais l'asperger HP ne sait pas gérer ce genre de cas, il n'ose pas demander et ne sait pas comment formuler sa demande. Il aura donc tendance à se taire et à supporter sa collègue jusqu'au point il n'en pourra plus, n'arrivera plus à se concentrer et pourra potentiellement même tendre vers une dépression qui l'empêchera d'assurer ses fonctions professionnelles.

Il en est de même pour un patron qui gère son équipe par une mise sous pression constante par rapport à des objectifs ou un rendement de production par exemple. Cette pression peut être due également à la pression que ce patron subit lui-même, pour peu qu'il soit de nature anxieuse. Beaucoup de salariés arrivent à prendre du recul et à « faire avec », à se raccrocher au cadre défini par leur contrat de travail et de ne pas faire trop de cas des sautes d'humeur de ce chef un peu trop zélé. L'asperger HP, en revanche, aura énormément de mal à gérer cette situation. D'une part car il recevra de plein fouet l'agressivité et/ou l'anxiété de son patron et que ces émotions le submergeront, d'autre part car une attitude dénigrante ou autoritaire renforcera son manque de confiance en lui et la peur de mal faire, ce qui augmentera encore plus son niveau d'angoisse. D'une façon générale, un asperger HP ne pourra jamais s'épanouir dans un travail qui ne bénéficierait pas d'une atmosphère bienveillante de la part de ses collègues et de ses patrons.

Une alternative à cette problématique est que l'asperger HP travaille comme indépendant. Dans ce cas, il pourra nettement mieux gérer la pression inhérente aux relations sociales, mieux adapter son temps de travail en fonction de sa charge mentale et faire fluctuer son activité selon des évènements de vie qui pourraient le déstabiliser sans subir la pression d'un travailleur salarié avec des horaires fixes.

Un travail à mi-temps pourrait également, dans de nombreux cas, permettre à l'asperger HP d'accéder au monde du travail. Autant, pour certains, un travail à plein temps représente une charge mentale trop importante à gérer (même quand tout se passe pour le mieux) et conduit rapidement à des arrêts de travail pour dépression, autant le même travail mais à mi-temps devient tout à fait acceptable sur le long terme. La principale problématique c'est que bien souvent il s'agit d'emplois peu qualifiés et payés la plupart du temps au SMIC. Or il est très compliqué voire impossible de vivre normalement avec un salaire minimum à mi-temps. C'est une des raisons majeures qui poussent certains asperger HP à ne pas travailler et à vivre grâce à l'AAH alors qu'ils pourraient malgré tout travailler partiellement.

Il y a donc cette faille dans le système d'aide actuel : l'état octroie l'AAH à des personnes ne pouvant pas travailler plus qu'un mi-temps, mais il est impossible de vivre en travaillant à mi-temps, ce qui pousse ceux qui pourraient travailler quelques jours par semaine à ne plus travailler du tout. Il faudrait, je pense, que l'État prenne plus en considération la problématique des personnes asperger HP qui ne peuvent pas assurer un travail à temps-complet et de leur accorder un complément de revenu leur permettant d'approcher d'un salaire à temps plein. Cela ferait faire des économies substantielles sur les versements de l'AAH qui pourraient être évités.

Évolution de la problématique asperger HP au cours de sa vie.

La vie d'un asperger HP n'est jamais un long fleuve tranquille : il doit en permanence fournir des efforts pour compenser son handicap dans les relations sociales par rapport aux personnes n'ayant pas cette difficulté. Nous avons tous une quantité d'énergie, une jauge d'énergie pourrait-on dire, pour vivre notre vie quotidienne. L'énergie que nous dépensons pour assurer notre quotidien est bien en-deçà de la quantité initiale de notre jauge, ce qui nous permet d'assurer notre quotidien sereinement, mais également de faire face à certains évènements qui vont nous demander plus d'énergie ponctuellement.

Pour l'asperger HP il n'en est pas de même. Lui aussi possède une jauge d'énergie, mais son quotidien, bien souvent, lui demande quasiment l'intégralité de sa jauge ! Si bien que lorsqu'un évènement de vie particulier survient, il n'a pas forcément l'énergie pour y faire face, ou alors il n'en n'aura plus pour faire face à son quotidien. C'est d'autant plus compliqué que du fait de sa nature hypersensible, l'asperger HP devra développer plus d'effort que les autres pour faire face à une situation donnée, réduisant encore plus sa jauge d'énergie. Pour arriver à ne pas être trop submergé par ce qui lui arrive, il devra apprendre à gérer cette jauge d'énergie, savoir quels évènements ou quelles activités lui coûtent beaucoup, savoir comment répartir les activités coûteuses en énergie et savoir comment régénérer cette énergie.

Gérard est un asperger HP de 48 ans. Il est vendeur dans un magasin de chaussures et se sent à l'aise dans son travail : la directrice du magasin est quelqu'un de profondément humain qui lui laisse faire quelques pauses dans sa journée de travail. Il aime la relation qu'il entretient avec les clients puisqu'il a compris le schéma à appliquer dans ce mode de relations sociales. Il a également compris le concept de jauge d'énergie, et il l'applique le plus possible dans son quotidien. En particulier, dans la mesure où il travaille le samedi et que cette journée est particulièrement chargée, il se refuse à sortir le samedi soir avec le petit groupe d'amis qu'il côtoie. La pression sociale d'une soirée entre amis, même si elle est positive et bienveillante, combinée à sa journée de travail le submergerait émotionnellement à coup sûr. Il préfère donc se reposer le samedi soir et même le dimanche pour recharger ses batteries pour affronter le reste de la semaine. Lorsqu'il ne peut pas respecter ce protocole, comme s'il est de mariage ou si de la famille vient chez lui le week-end, il commence sa semaine en étant fatigué et la moindre contrariété le met à fleur de peau. Il lui arrive alors régulièrement d'avoir des crises d'angoisses sans raison apparente. Sa semaine de travail, qu'il arrive normalement à bien gérer, peut vite devenir un enfer émotionnel.

Au cours de sa vie une personne a de bonnes chances de connaître une dépression plus ou moins importante en fonction d'évènements de vie traumatisant qui peuvent survenir : une rupture amoureuse, un deuil, la perte d'un emploi... Cette dépression peut affecter tout le monde, et quand elle arrive elle fragilise inévitablement la personne sur un plan psychique. D'une certaine manière, on peut comparer une dépression à une jambe cassée... mais dans ce cas c'est l'esprit qui est cassé. On arrive normalement à s'en sortir, comme on guérit d'une jambe cassée, mais encore faut-il avoir le repos et les soins nécessaires à cette guérison. Une fois guérie, la jambe pourra refonctionner normalement, mais il restera une fragilité, une certaine faiblesse. Il en est de même pour l'esprit humain après une dépression. La jauge d'énergie qui nous permet de faire face aux évènements traumatisants sera plus ou moins réduite après s'être sorti d'une dépression.

Une simple discussion peut surcharger la jauge d'énergie de l'asperger HP beaucoup plus que ses comparses neurotypiques

Ce constat est d'une importance particulière en ce qui concerne les asperger HP. En effet, l'asperger HP n'a que peu de marge entre l'énergie que contient sa jauge et celle qu'il doit déployer pour assurer son quotidien de façon sereine. Or, toute dépression vient entamer la capacité de sa jauge. Chaque traumatisme, chaque dépression que connaitra l'asperger HP viendra réduire de façon plus ou moins importante sa capacité à faire des efforts pour « être comme tout le monde ». Il en découle qu'au cours de sa vie, et en fonction des traumatismes qu'il aura subis, il aura tendance à être de moins en moins capable de faire certaines choses. Cela explique que certaines personnes, à la suite d'une dépression importante, ne soient plus capables de faire ce qu'elles faisaient sans problème il y a quelques années.

Annie est une asperger HP de 54 ans, mère de deux grands enfants de 25 et 22 ans. Elle travaille comme comptable dans une grande entreprise internationale. Sa vie professionnelle se passe bien, elle s'épanouit dans ce qu'elle fait. Malheureusement, sa vie sentimentale n'a pas été facile et elle a connu de nombreux échecs avec les hommes qu'elle a rencontrés. La dernière rupture en date a été particulièrement éprouvante et elle a mis plus de deux ans à s'en remettre en passant par une profonde dépression ayant nécessité un arrêt de travail de plus d'un an. Elle est maintenant stabilisée dans sa vie, mais malgré tout certaines choses ne sont plus possibles pour elle. Avant elle faisait normalement les courses en hypermarché sans trop de difficultés, même si cette activité a toujours été perçue comme une contrainte. Maintenant elle ne se sent plus d'y aller, et faire les magasins peut générer des crises d'angoisses : elle se contente de faire un « drive » une fois par semaine. Elle supporte de moins en moins le bruit, y compris sur son lieu de travail : fini les repas avec les collègues le midi, maintenant elle passe sa pause déjeuner enfermée dans son bureau pour régénérer dans le calme. Depuis sa dépression elle a également tendance à beaucoup moins sortir, à ne plus inviter d'amis à la maison, alors qu'avant elle était souvent partante pour une soirée entre amis, même s'il lui fallait une journée de repos pour s'en remettre.

Dans certains cas, j'ai pu constater une forme de « phobie de l'effort » chez certains asperger HP ayant été fortement fragilisés par plusieurs dépressions au cours de leur vie. Cette dégradation ne concerne pas tous les asperger HP bien sûr, mais elle peut se comprendre dans la mesure où tous doivent fournir d'importants efforts pour compenser leur handicap et s'intégrer au mieux de leurs possibilités dans cette société qu'ils ne comprennent pas, ou tout du moins qu'ils ne comprennent que partiellement. Lorsque leur jauge d'énergie est réduite, ces efforts deviennent trop importants et certaines activités contraignantes pour eux ne sont plus possibles.

Malheureusement je n'ai jamais vraiment constaté d'amélioration possible en termes d'augmentation de la jauge des asperger HP après une diminution à la suite d'une dépression. Il est d'autant plus important pour eux de bien gérer cette jauge et surtout d'évoluer dans une vie avec le moins de traumatismes possible. Cette jauge d'énergie est un capital précieux qui permettra à ces personnes hypersensibles de faire face aux difficultés de la vie quotidienne. Il faut la préserver du mieux possible en évitant les situations conduisant potentiellement à une dépression. Il est donc important d'appliquer un principe de précaution, en particulier dans le domaine professionnel. Si un travail n'est pas adapté à la personne soit par la nature du travail, par l'énergie que ça lui coûte ou par l'ambiance sociale qui la submerge, alors il ne faut pas attendre le burnout pour en changer ou s'arrêter quelques temps pour régénérer. Il en est de même pour une relation toxique, qu'elle soit amoureuse ou amicale : l'asperger HP doit y mettre un terme le plus rapidement possible pour se préserver et ne pas tomber dans une forme de traumatisme qui viendrait entamer sa jauge d'énergie. Il aura plus que probablement besoin de l'aide et de la compréhension de son entourage pour cela.

Signes particuliers que l'on peut trouver chez les asperger HP en fonction de l'âge

Les éléments qui vont suivre ne concernent pas tous les asperger HP, il s'agit simplement de quelques caractéristiques que l'on peut observer chez certains d'entre eux et qui sont, à ma connaissance, moins présent dans le reste de la population.

Particularités dans l'enfance d'un asperger HP

Jusqu'à la fin de l'école primaire, il ne me semble pas pertinent de porter un diagnostic d'asperger HP à moins d'un handicap flagrant ayant des retentissements importants dans la vie quotidienne. Je ne suis pas pour ce diagnostic, car coller une étiquette connotée handicapante pourrait stigmatiser l'enfant vis-à-vis de son entourage et des personnes qu'il côtoie dans l'environnement scolaire.

Cependant, ce qui est au premier plan de l'enfant asperger HP dans cette tranche d'âge, c'est une très forte sensibilité. Cette sensibilité peut s'exprimer de plusieurs façons :

- L'enfant peut être en surcharge en fin de journée du fait des sollicitations normales d'une journée d'école. Il se contient toute la journée, il absorbe toute la charge émotionnelle liée à l'effervescence de l'environnement d'une école maternelle ou primaire avec des cris, des pleurs, des enseignants haussant le ton dans certains cas... En tant qu'éponge émotionnelle n'ayant pas encore bien appris à se protéger, le jeune asperger HP rentrant chez lui le soir, dans sa zone de sécurité, a besoin de relâcher la pression, parfois violemment. Il peut s'agir de crises de colère, d'un besoin de bouger de façon excessive, ou au contraire le besoin de s'isoler dans son monde et de se mettre en retrait de tout, y compris de ses parents essayant tant bien que mal de savoir comment s'est passée sa journée. Dans tous les cas de figure, un sas de décompression lui est absolument nécessaire pour relâcher cette pression et se régénérer.

– L'enfant peut avoir du mal à interagir avec les autres enfants. Dans ce cas, jusqu'à 7 ou 8 ans, on ne peut pas vraiment parler de décalage social, mais plutôt d'un déficit d'apprentissage des codes sociaux au contact de ses pairs. Le fait que le jeune asperger HP soit submergé par de très nombreuses sollicitations dans le cadre scolaire le rend moins à même d'intégrer ces codes sociaux par l'observation. L'armure anti-émotion commence à se mettre en place... Dans ce cas de figure il peut essayer de s'isoler pendant le temps scolaire, d'éviter le contact avec ses pairs, en particulier pendant les récréations où les échanges sociaux sont encore plus difficiles à supporter pour lui.

– L'enfant peut parfois exprimer sa surcharge émotionnelle par une colère importante et une intolérance aux directives de ses parents. Le paradoxe que l'on remarque dans ce cas est que l'enfant asperger HP peut être tout à fait adapté dans son milieu scolaire, répondre aux demandes de l'enseignant et être perçu comme un enfant calme et posé. En revanche, à la maison, il aura tendance à refuser systématiquement les contraintes et à s'y opposer parfois violement. Ce cas de figure, plutôt rare, arrive parfois lorsque de l'agressivité est présente également dans la façon d'être d'un des deux parents. Encore plus que les autres enfants, le jeune asperger HP est une éponge à son environnement, il absorbe tout et aura besoin d'un modèle pour interagir avec l'autre et relâcher sa charge émotionnelle : si on lui présente un modèle agressif, il peut s'en saisir et l'intégrer comme une façon d'agir en cas de stress ou d'angoisse, ce qui est souvent le cas après une journée d'école où il est en mode « décharge ».

Particularités dans l'adolescence d'un asperger HP

L'entrée au collège et les quatre années qui s'en suivent sont souvent compliquées pour l'asperger HP, surtout de nos jours. Déjà cela constitue un changement d'organisation assez important en ce qui concerne l'agencement des cours : on passe d'un seul enseignant connaissant bien l'élève à de nombreux enseignants n'ayant pas toujours le temps de le connaitre aussi bien dans ses particularités. On doit changer de classe régulièrement et elles sont souvent aussi plus chargées qu'en école primaire. Pour le jeune asperger HP, plus de monde équivaut à plus de bruit, plus d'interactions sociales, donc plus de stress et plus de charge mentale. Pour peu qu'il doive également prendre le bus en raison de la distance domicile-collège, le cumul de ce changement génère quasiment tout le temps un stress important, en particulier en début d'année de 6ème.

Toutefois, en général, l'asperger HP s'habitue assez vite et assez bien à ces changements. La charge mentale reste importante, mais dans la mesure où il reprend un rythme et ses habitudes, il arrive dans la grande majorité des cas à gérer ces nouvelles problématiques d'ordre logistique et organisationnel. Ce qui pose le plus de souci au fil des années collèges, ce sont bien les interactions sociales avec ses pairs, en particulier vers la 4ème ou la 3ème. En effet, ces classes sont particulièrement dures, les élèves sont en pleine entrée dans l'adolescence, le besoin d'affirmer son identité est très présent, et il y a beaucoup de violence, dénigrement, d'agressivité qui ressort des interactions durant cette période. Notre asperger HP, en tant qu'éponge émotionnelle, en est d'autant plus submergé qu'il est assez régulièrement la cible de railleries. Dans cette période il est fondamental que l'asperger HP ait une base de sécurité chez lui, dans son foyer et qu'il puisse exprimer ses angoisses et ses souffrances en toute confiance avec au moins l'un de ses parents. Lorsqu'il n'a ni cette base de sécurité, ni cette relation de confiance avec ses parents, il est possible que des comportements à risque puisse apparaître :

- L'adolescent asperger HP peut commencer à se scarifier. Il ne s'agit pas dans ce cas d'une volonté de mettre fin à ses jours, mais uniquement de générer une douleur physique plus intense que sa douleur psychique. Avec le temps, il peut même intégrer ses scarifications comme un rituel d'apaisement à la fin d'une journée de classe particulièrement éprouvante sur le plan émotionnel. Bien souvent il ne parlera pas à ses parents de ses scarifications, et il aura tendance à cacher son mal-être, ce qui peut faire perdurer ce comportement pendant des années. À ma connaissance la pratique de la scarification se retrouve nettement plus chez les filles que chez les garçons.

- Il peut également chercher à s'identifier à un groupe marginalisé, potentiellement ayant des conduites dangereuses et non légales (drogue ou vandalisme par exemple). Dans ce cas, le but sera essentiellement pour l'adolescent asperger HP d'avoir une impression d'appartenance à un groupe plutôt que d'être totalement isolé. Malheureusement sa naïveté sociale ne lui permettra pas forcément de se rendre compte de la dangerosité de ses conduites, ni du fait d'être potentiellement manipulé par ce groupe qui peut se moquer de lui alors qu'il a l'impression que ce sont ses « amis ». Il pourra aussi éventuellement être sous l'emprise d'un seul membre du groupe en ayant l'impression que c'est son « meilleur ami ».
- Enfin, il est possible que la pression sociale soit telle que l'asperger HP développe une phobie scolaire. Elle peut s'initier du fait d'un professeur particulièrement agressif dans son attitude, du fait d'un élève ou d'un groupe d'élève qui harcèle l'asperger HP, ou même simplement du fait de la pression que représente le fait d'être interrogé en classe à l'oral devant tout le monde. La façon dont cette phobie scolaire est prise en charge, ou plutôt comment elle est considérée, par les parents est très importante. Il faut, bien sûr, pousser l'adolescent à fournir des efforts et à retourner au collège ou au lycée, mais pas à tout prix : il faut prendre en compte la souffrance de l'asperger HP qui, même si elle est difficilement compréhensible, n'en est pas moins profonde. Il faut que les parents gardent en tête la possibilité que la déscolarisation provisoire ou le passage à un enseignement à distance peut être la seule solution permettant l'épanouissement, à terme, de leur enfant.

Baptiste est un jeune asperger HP de 16 ans, actuellement en classe dans de seconde générale dans un grand lycée de province. Durant toute sa scolarité, il s'est senti à part et avait beaucoup de mal à s'intégrer dans la classe. Il passait la plupart de ses récréations tout seul dans son coin. En classe au collège, il avait du mal à se concentrer à cause du brouhaha normal d'une classe de plus de 30 élèves, et de ce fait avait des résultats moyens malgré un travail sérieux et appliqué. Il était connu de ses enseignants comme un élève particulièrement sensible et l'équipe pédagogique l'avait tacitement « protégé » en ne lui mettant pas de pression. L'entrée en seconde fut en revanche particulièrement difficile car il a dû changer d'établissement. Baptiste s'est retrouvé projeté dans un environnement totalement inconnu avec des enseignants ne faisant pas spécialement cas de sa sensibilité. Il est particulièrement terrorisé par son professeur d'anglais qui est une personne assez vive et directe, et qui pousse beaucoup les élèves à participer à l'oral. Ayant remarqué des lacunes dans ce domaine chez Baptiste, ce professeur, voulant bien faire, le sollicite à chaque cours pour qu'il prenne la parole devant toute la classe, espérant ainsi l'habituer à ce genre d'exercice de prise de parole. Rapidement Baptiste commence à faire des angoisses le matin des jours où il a cours d'anglais, au point même de vomir avant de partir de la maison. Ses parents essaient de le rassurer et le forcent à aller en classe car pour eux il n'est pas concevable qu'il n'aille pas au lycée. Pourtant la situation s'aggrave de semaine en semaine, les angoisses deviennent quotidiennes car Baptiste ne supporte plus aucune interrogation orale, il commence à perdre toute confiance en lui pour faire face aux situations sociales rencontrées au lycée. Il perd l'appétit, ne dort plus que quelques heures par nuit, reste prostré dans le noir dans sa chambre la plupart du temps. C'est lorsque ses parents ont remarqué qu'il commençait à se scarifier qu'ils ont décidé quand même d'aller consulter un spécialiste, qui en conclut une phobie scolaire assez prononcée. Baptiste sera déscolarisé le restant de l'année pour se remettre de sa dépression et sera inscrit l'année d'après en enseignement à distance car le simple fait d'évoquer une scolarité normale réveille chez lui des angoisses importantes.

Dans de nombreux cas, ce sont les années lycées qui commencent à être réellement compliquées pour l'asperger HP, non pas d'un point de vue scolaire, mais surtout d'un point de vue social. En effet, ce sont pendant ces années que les relations entre pairs deviennent plus profondes, que se nouent des amitiés plus durables, que les premiers flirts sérieux commencent et l'asperger HP se sent de plus en plus en décalage avec les relations qu'il observe autour de lui. Au collège, bien souvent, les relations sociales sont plus superficielles : on va inviter un ami de son enfant à la maison pour qu'ils jouent ensemble ou qu'ils regardent un film, mais ce sont les parents qui cadrent et organisent le plus souvent ce genre de rencontre. Au lycée en revanche, les adolescents commencent à sortir en ville entre eux, à prendre leur autonomie dans les transports et l'organisation de leur vie, leur identité propre commence à prendre forme. L'asperger HP a du mal dans ce système où il y a souvent des imprévus, des situations inédites à gérer. Il n'a plus le cadre qui le rassurait avant quand c'étaient les parents qui « géraient » ses relations sociales. Il peut cependant faire face et s'en sortir plutôt bien, mais le sentiment de décalage est plus marqué et fait peser sur lui une pression supplémentaire plus ou moins envahissante selon que son environnement social proche est bienveillant ou non (amis, famille, enseignants...).

L'asperger HP lors d'une soirée entre amis : difficile de trouver sa place !

Une problématique particulière : le trouble de la compréhension écrite

Ce trouble, appelé parfois également trouble de la lecture, n'est que rarement identifié chez les enfants ou adolescents. Il correspond à une difficulté importante à comprendre le sens d'un texte. Lorsqu'on lit un texte, les mots génèrent un sens global dans notre cerveau et nous permettent de comprendre le sens de ce que nous lisons. Les personnes atteintes de ce trouble arrivent à lire normalement dans leur tête ou à haute voix, mais les mots écrits ne génèrent que peu de sens, ce qui les empêche de comprendre le texte dans la globalité et dans son contexte. En revanche, si quelqu'un leur lit le texte à voix haute, ces mêmes personnes comprennent tout à fait le sens du texte.

La problématique pour les enfants ou adolescents atteints de ce trouble est que la grande majorité des apprentissages scolaires passent, dans notre système, par la compréhension de l'écrit : on apprend sa leçon en la lisant plusieurs fois, la plupart des évaluations demandent de lire les consignes, etc... Le problème c'est que l'élève qui est atteint de ce trouble passe pour quelqu'un de fainéant, qui n'apprend pas ses leçons ou même qui est un peu limité intellectuellement alors qu'il n'en est rien. Il peut passer des heures à essayer d'apprendre sa leçon sans en comprendre le sens. Dans les petites classes, il arrive à compenser en apprenant par cœur, mais vers la fin du collège ou le lycée ce système ne fonctionne plus car la quantité de choses à apprendre devient trop importante pour être retenue uniquement par cœur. L'élève se retrouve donc la plupart du temps en échec scolaire, sans diplôme ou doit s'orienter vers des études courtes qui ne correspondent pas à ce qu'il lui permettrait de s'épanouir.

Il est pourtant assez facile de détecter ce trouble : il suffit de vérifier que ce que l'élève ne comprend pas à l'écrit, il le comprend tout de suite lorsqu'on lui lit le texte ou la consigne. C'est juste que ce trouble est peu connu et que les enseignants, en première ligne pour repérer les troubles des apprentissages, ne le connaissent généralement pas.

Si j'en parle spécifiquement dans cet ouvrage, c'est que j'ai pu constater que ce trouble est plus fréquent chez les personnes hypersensibles, et en particulier chez les asperger HP que dans le reste de la population. Je tiens à préciser que ce constat est totalement empirique et ne relève que de ma propre expérience. Il me semble important de repérer si l'asperger HP, qui est ou a été en situation d'échec scolaire, est atteint de ce trouble afin de rehausser l'estime de soi. En effet, du fait de ce trouble, il aura tendance à se trouver « nul » ou « bête » alors qu'il n'en est rien, bien au contraire : il aura réussi quand même à compenser un trouble important qui n'aura pas été détecté toute sa scolarité, ce qui est une belle preuve d'intelligence !

Lorsque ce trouble est repéré avant la fin de la scolarité, il peut être contourné en privilégiant les apprentissages par voie orale : l'élève peut lire sa leçon en s'enregistrant et l'apprendre en la réécoutant ou il peut regarder certaines vidéos pédagogiques sur internet. En mettant en place cette méthode, l'élève peut apprendre ses leçons avec une efficacité normale. Pour ce qui est de la lecture des consignes pendant les évaluations, il existe des stylos lecteurs adaptés pour les élèves atteints de ce trouble, ou alors l'enseignant peut passer lire les consignes à l'élève durant l'évaluation pour s'assurer qu'il a bien compris la consigne.

L'entrée dans l'âge adulte et le monde du travail pour un asperger HP

La fin des études, qu'elles soient longues ou courtes, constitue une étape cruciale pour l'asperger HP et c'est certainement à cette période de sa vie qu'on constate le plus de disparités selon les différents profils, en fonction du bouclier social qui a été mis en place, ou de l'absence de bouclier social. Ceux avec un bouclier social pourront très probablement s'insérer dans le monde du travail, même si la voie choisie n'est pas forcément celle qui leur correspond. En revanche, ceux qui sont particulièrement perdu avec les codes sociaux risquent fort d'être en échec devant ce monde du travail qu'ils ne comprennent pas et qui les submerge.

Pour l'entourage de l'asperger HP, c'est là aussi qu'on retrouve le plus d'incompréhension des difficultés qu'il éprouve : l'accès à l'autonomie seul dans un logement peut être problématique, le choix d'un travail, la nécessité de devoir apprendre à conduire ou à prendre les transports en commun alors que jusqu'à présent c'était un membre de la famille qui se chargeait des déplacements... autant de difficultés potentielles auxquelles sera confronté l'asperger HP qui pourra se heurter à une montagne d'incompréhension de la part de ses proches. En effet, dans l'esprit commun il est difficilement concevable de ne pas savoir prendre le bus à 20 ans, ou d'être angoissé par le fait d'aller chercher un pain au chocolat dans une boulangerie ! Et pourtant, tel est bien le handicap de ces personnes qui en plus ne comprennent pas elles-mêmes pourquoi elles n'y arrivent pas. Il est donc fondamental à cette période de la vie d'un asperger HP que sa famille, ses proches, acceptent ses difficultés et le soutiennent dans la mesure du possible. Il est important bien sûr de « pousser » la personne en difficulté à faire des efforts, mais il est tout aussi important d'accepter que certaines activités ne puissent pas être réalisées par cette personne. On accepte parfaitement qu'une personne en fauteuil roulant ne puisse pas courir, il est plus compliqué de comprendre pourquoi un grand gaillard de 20 ans soit tétanisé à la simple idée d'aller à la fac en bus. Pourtant, dans les deux cas, il s'agit simplement de prendre en considération un handicap spécifique.

Dans les activités potentiellement problématiques pour un asperger HP cherchant du travail on peut trouver par exemple :

- Rédiger une lettre de motivation. Cet exercice est compliqué car il s'agit de se « vendre », de parler de soi, de se mettre en avant : tout ce que déteste l'asperger HP. Pour certain, écrire simplement « Je suis quelqu'un de sérieux et de travailleur », est insupportable. Il est préférable d'écrire dans ce cas « Les gens disent de moi que je suis quelqu'un de sérieux et de travailleur ». La nuance peut être subtile, mais elle fait une grosse différence pour l'asperger HP.

- Aller à un entretien d'embauche. L'exercice d'une présentation orale est bien évidemment encore plus compliqué que celui de le faire par écrit. Qui plus est, l'asperger HP aura parfois du mal à respecter les codes sociaux propres à un entretien d'embauche, comme regarder son interlocuteur dans les yeux, faire attention à sa posture ou au ton de sa voix, ne pas se tortiller les mains en continue. Encore une fois, l'asperger HP ayant développé un bouclier social adapté pourra tirer son épingle du jeu, mais celui étant vraiment en difficultés dans les situations sociales ne pourra pas cacher un décalage qui risque fort d'être mal interprété par le recruteur.
- Si l'asperger HP est embauché, il faut qu'il tienne le coup sur le long terme face à la pression sociale de ce nouveau travail. Un collège toxique, des objectifs compliqués à atteindre, un chef un peu trop présent sur le dos des salariés sont autant de facteurs qui nuiront inéluctablement à la pérennité de l'emploi pour l'asperger HP. Même si tout se passe bien, la charge mentale inhérente à son travail quotidien peut aussi générer un épuisement et être préjudiciable à long terme.
- L'environnement de travail. Beaucoup d'asperger HP sont sujets à des hypersensibilités sensorielles, en particulier auditive, visuelle ou olfactive. La tranquillité et l'absence de sollicitation sensorielle de l'environnement dans lequel ils travaillent sont donc des facteurs très importants pour qu'ils puissent continuer leur travail sur le long terme. Le travail en usine en particulier, où il y a souvent des nuisances sonores assez marquées, un environnement avec des néons pour seules lumières, ou encore un travail dans l'agroalimentaire où il y a des odeurs très prononcées

correspondent presque à coup sûr à des environnement rédhibitoires pour qu'un asperger HP y travaille.

- Pour certains asperger HP, c'est la combinaison entre la gestion de la vie quotidienne (courses, faire à manger, faire le ménage...) et la charge mentale liée au travail qui est trop violente qui les conduit vers un épuisement à plus ou moins brève échéance.

Ils sont capables de gérer leur quotidien, d'assurer un travail, mais les deux ensemble c'est trop. Souvent, dans ce cas de figure, l'asperger HP tient un travail quelques mois, s'écroule, reste sans travail quelques mois, en reprend un car il n'a pas le choix financièrement, s'écroule à nouveau au bout de deux mois, et ainsi de suite...

Paul est un asperger HP de 26 ans avec un parcours quelque peu chaotique depuis ces dernières années. Il a eu son Bac S sans aucune difficulté, puis s'est orienté vers une fac de philosophie. Il n'avait pas de projet précis, mais cette matière l'a toujours intéressé. Pour cela il a dû aller faire ses études à Bordeaux, à 300 km du domicile de ses parents qu'il n'avait encore jamais quitté. Cet éloignement, le fait de devoir gérer l'ensemble des tâches quotidiennes et le fait de se retrouver dans des amphithéâtres de plus de 150 personnes l'ont énormément submergé et il a craqué un peu avant la fin de l'année scolaire, devant arrêter son cursus. L'été suivant il a entrepris d'effectuer un travail d'été, les finances de ses parents étant assez limitées. Il a été pris comme magasinier dans une grande surface, mais la pression sociale liée au contact avec ses collègues de travail était trop importante, et il a démissionné au bout d'une semaine. En septembre il a repris des études de psychologie à la fac de Bordeaux également. Le schéma étant le même, il a également craqué avant la fin de la première année pour les mêmes raisons que pour ses études de philosophie. Là encore, il décide alors de chercher du travail après quelques mois de repos. Il essaie un poste de vendeur dans une boulangerie, mais craque au bout de 15 jours, ne supportant plus le contact avec le public. Il décide alors d'effectuer un travail de livreur de journaux. Le poste semble mieux adapté car il est en total autonomie, seul et travaille uniquement le matin de 5h à 9h. Il tient effectivement plus longtemps, 3 mois pour être exact, mais craque finalement par épuisement. Il tombe alors en dépression et reste isolé dans son studio. Au bout de quelques mois, il entame une thérapie et prend un traitement médicamenteux, il arrive à mieux se connaître, à mieux discerner les évènements de vie ou les situations qui l'angoissent. Au bout d'un an il va beaucoup mieux et envisage de reprendre ses études de philosophie, mais cette fois en distanciel.

La vie d'un asperger HP en tant qu'adulte

En fait, énormément de choses sont définies lors l'entrée dans l'âge adulte. S'il arrive à trouver un travail qui lui correspond, dans un environnement apaisant, alors l'asperger HP pourra intégrer ce modèle et le faire perdurer durant longtemps, le travail devenant une normalité et une habitude. Les difficultés ou l'impossibilité d'accès à un travail induira forcément une dépendance aux aides de l'état (Allocation pour Adultes Handicapés) ou a minima la présence d'un aidant familial auprès de lui. En effet, un autre point important pour la stabilité de l'asperger HP durant sa vie d'adulte est la présence de personnes ressources autour de lui : il peut s'agir d'un partenaire de vie, de membres de sa famille, d'amis très proches, ou même d'associations d'aide aux personnes en situation de handicap. Mais dans tous les cas l'asperger HP aura besoin de soutien pour certaines difficultés ou choix auxquels il devra faire face. Sans ce soutien, il est probable qu'il fasse des mauvais choix, qu'il s'isole encore plus et se marginalise vis-à-vis de la société avec toutes les conséquences néfastes qui peuvent en découler.

Y a-t-il des différences entre asperger HP homme et asperger HP femme ?

On peut trouver dans la littérature ou sur internet qu'un asperger homme fonctionne différemment d'une asperger femme, certaines se revendiquant même comme « Aspergirl » ou « Aspie girl ». Le fait est que les traits apparents stéréotypiques de ce type de profil sont souvent plus marqués chez les hommes que chez les femmes. Le modèle qui ne témoigne aucune émotion, est particulièrement réservé, a besoin de rituels assez marqués dans sa vie est plutôt masculin. Les femmes auront plus tendance, dans l'ensemble, à se fondre dans la masse et à être plus discrètes sur leur différence. Cependant, la problématique de base reste parfaitement identique quel que soit le sexe : la difficulté à accéder à ses émotions, à faire des choix, à se projeter dans l'avenir, l'énergie à déployer lors des relations sociales sont autant de facteurs communs que partagent les asperger hommes ou femmes de façon indifférenciée.

Il est possible que les habitudes culturelles de notre société stigmatisent plus les hommes que les femmes dans la différence liée à ce handicap. Un homme qui ne sort jamais de chez lui, qui passe son temps sur les jeux vidéo, qui n'a quasiment pas de vie sociale sortirait plus de l'ordinaire qu'une femme dans la même situation. Dans les relations amoureuses également on s'attend souvent, dans notre société et même si cela évolue au fil des années, à ce que l'homme soit plus moteur que la femme. De même un célibataire endurci n'ayant aucune partenaire étonnera toujours un peu plus qu'une femme ne désirant pas d'homme dans sa vie.

En fait, je ne pense pas qu'il y ait une telle différence entre aspie homme et aspie femme. C'est juste que l'image que l'on se fait des asperger en général se retrouve plus chez certains hommes asperger, mais la problématique reste identique dans les deux cas.

Comment détecter une personne présentant un profil asperger HP ?

Comme pour le profil d'une personne HP, voici les questions que je pose pour savoir si une personne correspond au profil asperger HP.

Je commence par poser les mêmes questions que pour le profil HP. L'asperger HP normalement se reconnait complètement dans ce profil : cerveau qui fonctionne à 400 à l'heure, décalage social par rapport aux autres (et ce depuis tout le temps), intolérance à l'injustice, hypersensibilité émotionnelle et hypersensibilités sensorielles à différents degrés (en général au moins une ou deux).

Une fois le profil HP confirmé, il s'en suit une autre série de questions :

Est-ce que vous avez souvent l'impression, quand vous discutez avec les autres, que ce que vous dites pourrait être mal interprété ou que vous risquez de mal comprendre ce que les autres vous disent ?

Quasiment tous les asperger HP répondront oui à cette question. On remarque parfois une petite nuance où quelques-uns ont simplement l'impression de mal comprendre les autres sans pour autant craindre de ne pas être compris. Pour moi cette question est parfaitement représentative de la problématique asperger HP et est l'un des principaux signes de ce handicap social. La cause en est bien évidemment la difficulté à percevoir le flux émotionnel dans une conversation.

Est-ce que vous avez du mal à percevoir les émotions des autres ? Je ne parle pas de les analyser physiologiquement, mais de ressentir ce qui émane de l'autre sur un plan émotionnel.

La question est plus subtile et la précision apportée est importante car souvent l'asperger HP comprend les émotions des autres, mais sur un plan analytique (tu pleures donc tu es triste). Mais l'accès aux émotions des autres passe par une analyse visuelle de l'autre, pas par un ressenti global de ce qui en émane, d'où le fait que la grande majorité des asperger HP n'aime pas le téléphone puisqu'ils sont privés de ce canal visuel lors de la communication. Une fois ces précisions apportées, quasiment tous les asperger HP répondront également oui à cette question.

Est-ce que vous avez du mal à comprendre vos propres émotions ? Savoir ce que vous aimez ou n'aimez pas, comprendre pourquoi vous êtes triste ou pourquoi vous avez une angoisse ?

Il s'agit de la principale problématique de l'asperger HP, ils répondront donc forcément oui à cette question. Là encore, dans certains cas, il sera nécessaire de préciser un peu la question. Quasiment tous les asperger ont du mal à faire un choix. Ils analysent toutes les possibilités mais une fois devant l'ensemble des possibles, la difficulté d'accès à leur ressenti les bloque. Certains dans ce cas ont pris l'habitude de choisir au hasard une des solutions analysées, en se disant « de toute façon il faut bien faire un choix ». Mais ils reconnaissent que ce choix est totalement aléatoire et ne correspond pas réellement à une envie particulière.

Certains asperger HP n'ont réellement pas accès à la moindre émotion. Ça ne veut pas dire qu'ils n'en ont pas, bien au contraire, mais ils ne peuvent pas les voir. D'autres en revanche auront uniquement du mal à percevoir les émotions positives : ils savent bien ce qu'ils n'aiment pas, mais pas ce qu'ils aiment. Il faudra donc cerner les différentes nuances d'accès aux émotions propres à la personne asperger HP.

Est-ce que vous avez du mal à vous projeter dans l'avenir ? À imaginer une nouvelle situation ?

Comme nous l'avons vu, les asperger HP ont du mal à se projeter dans une situation nouvelle et c'est pour eux une difficulté supplémentaire. Ils répondront donc oui à cette question presque à coup sûr. Cela implique un besoin de contrôle dans leur vie quotidienne, de planification et si possible d'absence de surprise. Ce dernier point peut cependant être nuancé comme dans le cas d'un asperger HP qui va adorer faire des voyages à l'étranger. Cela peut sembler paradoxal car un voyage à l'étranger est bien souvent jalonné de surprises en tout genre. Dans ce cas la personne peut accepter ces surprises car elles interviennent dans un contexte connu : celui d'un voyage à l'étranger. Elle en a déjà fait plusieurs fois et se sent rassurée sur sa capacité à gérer les situations potentiellement problématiques de ce contexte. Il en va de même de la gestion des aléas dans un cadre professionnel où l'asperger se sent en confiance. Mais bien souvent les surprises, en particulier celle d'ordre social comme une visite inopinée à son domicile, mettra la personne asperger HP en situation de stress.

Est-ce que c'est compliqué pour vous de demander quelque chose à quelqu'un ?

Demander quelque chose est toujours compliqué pour un asperger HP, voir même parfois impossible. Dans certains cas cependant il pourra se sentir à l'aise de demander à une personne très proche qui est dans sa bulle. Pour qu'un asperger HP ose demander quelque chose à quelqu'un il doit lui faire une confiance totale.

Est-ce que c'est compliqué pour vous de faire les courses dans un supermarché ?

En général les asperger HP ne supportent pas d'aller faire les courses. Comme ils sont souvent obligés de les faire, ils adoptent des techniques variées : aller dans un « drive », aller dans le supermarché aux heures creuses, se contenter des petits commerces locaux qu'ils connaissent bien, aller dans le magasin avec un casque sur les oreilles et les yeux rivés sur une liste de courses...

Dans tous les cas cette situation est problématique en raison de la multitude d'informations à gérer en même temps, en particulier étudier chaque personne que l'asperger HP croisera, l'interaction avec la caissière, les lumières des néons qui l'agressent et le brouhaha environnant qui le submerge.

Évidemment, un asperger HP travaillant depuis 20 ans dans un magasin pourra très bien gérer d'aller faire ses courses puisqu'il a intégré cette activité dans une forme de rituel de vie qu'il maîtrise.

Est-ce que c'est compliqué pour vous de regarder la personne dans les yeux lorsque vous discutez avec elle ? Est-ce que cela vous coûte de l'énergie ?

Le contact oculaire lors de la communication entre deux personnes est chargé émotionnellement et cette charge, que la plupart des gens gère sans problème, peut surcharger les asperger HP. Ce contact demandera un effort à toutes les personnes ayant ce profil. Certains arriveront à gérer cet effort et regarderont quand même dans les yeux, d'autres éviteront le regard systématiquement, d'autres encore « tricheront » en fixant une zone du visage proche des yeux comme le nez de son interlocuteur par exemple. Il est cependant possible que l'asperger HP puisse regarder dans les yeux, mais uniquement les personnes dont il est très proche et qui sont dans sa bulle, c'est-à-dire ceux avec qui il est en confiance totale. Attention toutefois : certaines personnes ont besoin de regarder dans le vide lorsqu'elles réfléchissent ou lorsqu'elles cherchent une réponse à une question. Dans ce cas il s'agit simplement d'un moyen pour elles de limiter les interactions lorsqu'elles ont besoin de se concentrer et ce phénomène n'a rien à voir avec la problématique du contact oculaire chez les asperger. En général, dans ces cas-là, la personne ne regarde pas l'autre quand elle réfléchit ou qu'elle parle, mais elle n'a aucun problème à regarder son interlocuteur lorsqu'elle l'écoute.

Dans quelques cas que j'ai pu rencontrer, l'asperger HP, au contraire, avait un regard perçant qui ne quittait pas des yeux son interlocuteur. Dans ce cas, le but est essentiellement d'observer l'autre pour essayer de décrypter son attitude, d'essayer de comprendre son état d'esprit. Il n'en reste pas moins que ce type de regard est assez déstabilisant et pas du tout naturel pour celui qui en fait l'objet.

Bilan du questionnaire et confirmation d'un profil asperger HP

Cette série de questions permet de faire apparaître ce profil asperger HP. Il faut toujours prendre un peu de recul et comprendre que les réponses à certaines questions peuvent être biaisées selon l'histoire de vie de la personne. Par exemple nous avons vu qu'un asperger HP a du mal avec les communications téléphoniques, mais si une personne a travaillé 10 ans comme opérateur téléphonique elle a forcément développé un modèle, une habitude, qui fait qu'elle peut être tout à fait à l'aise dans la plupart des conversations téléphoniques. Si une personne ne répond pas à l'intégralité des critères définis par les questions, ça ne veut pas dire qu'elle n'est pas asperger HP, a fortiori si on trouve une explication cohérente dans son histoire de vie au fait qu'elle ne colle pas à tel ou tel critère. Inversement, une personne qui correspond à certains critères mais pas à tous n'est pas forcément asperger HP. Là encore il faut regarder son histoire de vie pour trouver une explication probable qui justifie l'écart avec le profil complet.

Le tableau clinique permettant d'identifier si une personne est oui ou non asperger HP doit également comprendre une analyse rapide de la généalogie de la personne : parents, fratrie et enfants, éventuellement les grands-parents. En effet l'asperger HP est un trait génétique et si une personne l'est, alors un de ses parents l'est forcément : c'est ce que j'ai pu constater dans la totalité des cas que j'ai pu rencontrer. Le profil d'asperger du ou des parents n'est pas forcément identique de celui de la personne évaluée, il peut être même très différent, mais on retrouvera les caractéristiques principales observées chez les asperger HP.

Les questions que je pose pour déterminer si une personne correspond au profil asperger HP vont « de l'intérieur vers les signes extérieurs », c'est-à-dire tout ce qui touche aux émotions, puis vers les comportements extérieurs : capacité à demander, décalage vis-à-vis des autres, besoins de rituels de vie, impression de repli social. Pour déterminer si un des parents est asperger HP je pose les questions à la personne dans l'autre sens : on s'intéresse d'abord aux aspects « visibles » de la personne, puis on demande si elle pourrait éventuellement avoir des difficultés d'accès aux émotions ou à faire des choix, sachant que la personne interrogée ne connait peut-être pas assez le parent en question pour répondre à ces dernières questions.

Concrètement, si vous estimez qu'une personne colle parfaitement au profil asperger HP, si son père est quelqu'un d'assez renfermé, ayant peu d'ami, ne demandant jamais rien et étant passionné de bricolage, activité qu'il pratique une bonne partie de la journée, il est fortement probable que ce père soit l'origine du trait génétique asperger HP, surtout si le grand-père paternel correspond également à ce même profil.

Troisième partie
Comment aider un asperger HP

Préambule

Avant toute chose, il est important de rappeler qu'être asperger HP n'est pas une maladie, on ne peut pas en guérir ou être soigné. Il s'agit d'une particularité, d'une différence dans la façon d'être au monde et dans la façon de le percevoir, et cette façon d'être peut, dans certaines circonstances et à certains degrés, constituer un handicap dans les interactions sociales et dans l'accès à ses ressentis.

Lorsque ce handicap devient compliqué à gérer et génère un mal-être chez la personne, il est toutefois possible de l'aider à aller mieux, à compenser ce handicap de façon à mieux le vivre et à accéder à une certaine forme de bien-être et de sérénité. Pour cela, il est indispensable que la personne prenne conscience de son handicap, qu'elle le comprenne et qu'elle l'accepte. Cette acceptation peut être difficile et prendre du temps, parfois plusieurs mois, alors que dans d'autres cas il s'agit d'une révélation immédiate qui transforme la vie de la personne en quelques jours.

Dans tous les cas, à terme, la connaissance de cette particularité permet de mieux appréhender les difficultés potentielles, de les éviter, de mettre en place des stratégies pour mieux vivre sa vie malgré son handicap. Lorsque vous êtes asthmatique, vous avez un handicap qui vous empêche de courir sans un traitement approprié. Si vous n'en avez pas conscience et que vous essayez de courir régulièrement, vous vous heurterez forcément aux limites de ce handicap. En revanche, si vous en prenez conscience et que vous savez qu'il ne faut pas courir, que vous évitez les situations où il faut le faire, alors ce handicap devient nettement moins invalidant dans votre vie et vous pouvez faire plein de choses sans aucun souci. L'asperger HP doit donc apprendre, avec une aide extérieure bien sûr, à comprendre son handicap pour mieux vivre sa vie.

Les deux malédictions de l'asperger HP

La première « malédiction » est d'ordre intellectuelle. La plupart des asperger HP se lassent assez rapidement des activités ou des centres d'intérêt qui les occupent, ils en font vite le tour, comme l'immense majorité des HP. Cependant, la nouveauté les angoisse et ils ont du mal à être moteur pour mettre en place de nouvelles activités. Ils auront donc tendance à refaire les mêmes choses, sans grand intérêt, pour passer le temps. C'est ce qui parfois peut être confondu avec des « centres d'intérêts restreints » que l'on associe aux troubles autistiques. Même si l'asperger HP peut effectivement avoir une passion qui occupe régulièrement son esprit, c'est surtout que refaire la même activité ou rester dans son domaine de compétence le rassure énormément et lui évite d'explorer de nouveaux champs de connaissances. Afin d'éviter l'ennui, il est donc important pour lui de trouver le juste milieu entre un peu de nouveauté dans sa vie pour ne pas complétement se flétrir et nourrir son intellect, mais pas trop de nouveauté afin d'éviter d'être submerger par trop de stress.

La deuxième malédiction est d'ordre social. En effet, comme la plupart des personnes hypersensibles, l'asperger HP a besoin de contacts sociaux et d'affectif. Oui mais justement, les contacts sociaux lui coûtent beaucoup d'énergie, même s'ils sont positifs et bienveillants. Il sera donc, là encore, nécessaire de trouver un équilibre entre voir du monde, avoir des activités sociales, et rester dans sa zone de confort chez soi. Le bouclier social éventuellement développé par l'asperger HP aura bien sûr une importance capitale dans cette recherche d'équilibre : le bouclier hypersocial ou le bouclier travail lui permettront d'avoir sa « dose » tout en lui permettant de s'aménager des zones de confort où il pourra régénérer en étant seul. Pour certains profils, en revanche, cette malédiction en est vraiment une : par exemple ceux qui ne se supportent pas seuls. En effets, pour certains asperger HP (cela reste une minorité d'entre eux), il est très difficile de faire face à la solitude. Lorsqu'ils sont en présence d'une autre personne dans le même lieu de vie tout va bien, même s'ils n'interagissent pas entre eux : l'asperger HP va se comporter en fonction de ce qu'il pense que l'autre attend de lui. Il pourra par exemple trouver logique, le soir, de se poser dans le canapé et de regarder la télé pendant que sa compagne sera sur l'ordinateur, et ce même s'il n'a pas particulièrement envie de regarder la télé. En revanche, lorsqu'il est seul, il n'a pas d'autre repère pour agir que ses propres envies, envies auxquelles il n'a pas accès. Cela peut générer des angoisses très importantes dès qu'il est confronté à la solitude, même un seul soir de temps en temps. Il ne se supporte pas seul, mais paradoxalement la présence d'autres personnes peut vite le submerger pour peu qu'il ait déjà la charge mentale liée à une journée de travail bien remplie.

Quelques activités qui apaisent de nombreux asperger HP

Je parle ici d'activités à faire chez soi, dans le calme, comme une zone de régénération. En effet, les activités extérieures dépendent de trop de facteurs, en particulier des goûts propres à chacun, pour qu'on puisse en conseiller certaines particulières.

- Les puzzles : faire un puzzle est une activité souvent appréciée par les asperger HP. Elle permet de focaliser son attention sur un aspect visuel, leur permet de se concentrer et de « poser » leur cerveau en ébullition permanente. Il est souvent appréciable également de faire un puzzle en écoutant de la musique : le fait de solliciter plusieurs canaux sensoriels semblent également apaiser de nombreux asperger HP.

- Le dessin ou la peinture : là encore il s'agit d'une activité où le visuel est sollicité, en plus éventuellement de l'aspect créatif. L'asperger HP qui aime dessiner trouve cela apaisant, qu'il s'agisse de créations artistiques, de reproductions de photos ou d'autres œuvres, ou même le simple coloriage comme les mandalas par exemple.

- Se promener dans la nature : être loin de l'effervescence des zones urbaines, loin du bruit, loin des interactions sociales... autant d'attraits que peut présenter une balade en nature, une forme de reconnexion aux sources que de nombreux asperger HP apprécient. Pour certains, ils peuvent s'émerveiller devant un brin d'herbe dansant au gré du vent ou contempler des heures les allers et venues de papillons multicolores dans une prairie fleurie.

– S'occuper d'un animal : la connexion entre l'asperger HP et les animaux est vraiment particulière comme nous l'avons déjà évoquée. La présence d'un animal est en soi rassurante et apaisante pour la grande majorité des asperger HP et contribue à une forme de bien-être. L'animal peut également jouer le rôle d'un confident, un être vivant à qui l'asperger HP peut confier tous ses secrets sans craindre d'être jugé ou trahi.

– Les écrans : qu'il s'agisse des téléphones, de la télé, d'une tablette ou d'un ordinateur, les activités sur les écrans permettent de focaliser l'attention sur un contenu spécifique (jeux, séries, documentaires...) en écartant les pensées parasites qui envahissent l'asperger HP. On retrouve les mêmes bénéfices que les puzzles en plus puissant : on pose son cerveau et cela fait du bien. En principe ce genre d'activité ne génère pas d'addiction chez l'asperger HP qui y est peu enclin. Il faudra parfois cependant mettre en place un système d'alarme pour ne pas oublier des rendez-vous ou tout simplement se raccrocher à la réalité quotidienne. Même si on sait que l'abus des écrans est nocif pour les enfants dans leur développement, je pense qu'il faut voir les choses différemment en ce qui concerne les asperger HP. Ce mode de détente est pour eux parfois salutaire afin de limiter certaines angoisses et leur permettre d'avoir une zone de régénération efficace.

Alexandre est un jeune asperger HP de 6 ans. Il a fait sa rentrée depuis 3 mois en classe de CP. Les débuts ont été assez problématiques car l'agitation d'une classe de 28 élèves le surcharge beaucoup. Il fait de gros efforts pour se contenir dans la journée et se plier aux règles de la classe, mais le soir, lorsqu'il rentre chez lui dans sa zone de confort, il a tendance à « péter un plomb » en étant très agité, à crier, voire parfois en faisant preuve de violence physique envers ses parents. Dans le principe, ses parents voulant bien faire lui proposaient de faire ses devoirs en rentrant afin de se débarrasser de cette tâche. Alexandre ayant du mal à se concentrer, ces moments étaient particulièrement pénibles pour ses parents, leur fils étant systématiquement dans l'opposition. Après plusieurs semaines de réflexions et d'échanges avec l'équipe pédagogique et d'autres parents, les parents d'Alexandre ont changé de protocole et lui ont permis d'avoir un temps calme en rentrant de l'école. Il a maintenant le droit de regarder la télé ou de jouer sur la tablette de ses parents pendant une heure, à la suite de quoi Alexandre s'est engagé à faire ses devoirs sans histoire. Ce « sas de décompression » a été très bénéfique et la session devoirs qui s'en suit est devenue nettement plus apaisée, ce qui a également amélioré l'harmonie au sein du foyer qui commençait à décliner du fait des tensions liées aux devoirs.

Quelques astuces pour améliorer le sommeil d'un asperger HP

Le sommeil de l'asperger HP est souvent agité, voire perturbé. Les deux problématiques qui reviennent le plus souvent sont soit des difficultés à s'endormir, soit des réveils nocturnes fréquents (sommeil « haché »). En effet, l'asperger HP est souvent en hyper vigilance, avec une fréquence cardiaque élevée et un cerveau qui turbine à 400 à l'heure. Au moment de s'endormir, cela peut être compliqué de le faire ralentir et pendant la nuit, le moindre bruit peut venir perturber un sommeil déjà léger.

Pour améliorer la qualité du sommeil, il y a toujours la possibilité de prendre des somnifères, mais la prise de ces substances n'est pas sans conséquence sur le long terme (accoutumance, somnolence durant la journée, parfois des effets secondaires...). De plus ce genre de substances n'est pas adapté pour les enfants et adolescents, il est donc utile d'avoir à sa disposition d'autres solutions qui peuvent potentiellement améliorer la qualité du sommeil ou la vitesse d'endormissement.

Ces quelques conseils proviennent des observations que j'ai pu faire au fil des discussions avec les très nombreux asperger HP que j'ai pu rencontrer. Ils ne sont pas universels, mais fonctionnent dans la grande majorité des cas.

- Dormir avec un doudou : en fait la plupart des asperger HP, même adultes, utilisent déjà ce stratagème... même s'ils ne le disent pas forcément !

Un doudou n'est pas forcément le vieux lapin défraichi de votre enfance, cela peut être une taie d'oreiller, un coussin que la personne sert contre elle, un tee-shirt de son amoureux ou même un chat qui vient se coller à vous durant la nuit. La présence de ce doudou, quel qu'il soit, rassure, apaise et améliore la qualité du sommeil de l'asperger HP.

- La couverture lestée : il s'agit une couverture (ou d'un plaid) avec des petites billes de verre dans les coutures et qui est particulièrement lourde. Il en existe de plusieurs poids, mais on en prend une qui fait en général environ 10% du poids de la personne. La plupart des asperger HP aiment avoir du poids sur eux pendant la nuit : cela enveloppe, apaise, rassure. Certains utilisent déjà un gros édredon en plumes ou plusieurs couvertures pour avoir ce poids, mais cela peut poser problème en été par exemple en raison de la température. La couverture lestée, n'étant pas forcément épaisse et tenant beaucoup moins chaud, peut être une solution qui améliore grandement la qualité de sommeil.
- La mélatonine : Il s'agit de « l'hormone du sommeil » secrétée naturellement par le corps pour indiquer au cerveau qu'il est temps de se mettre en pause et de dormir. Ce n'est en aucun cas un somnifère et n'entraîne pas normalement de somnolence. La prise de mélatonine une heure avant l'heure d'endormissement souhaitée favorise grandement l'entrée dans le sommeil, en particulier pour les personnes ayant une forme d'hyperactivité intellectuelle le soir, dont les asperger HP. Elle est en vente libre dans certaines préparations pharmaceutiques, mais est limitée dans ces cas à des dosages de 1,9 mg, ce qui parfois peut être trop léger. De ce que j'ai pu observer, un dosage à 5 mg est plus à même de favoriser l'endormissement chez les

asperger HP, ce qui nécessite une prescription par un médecin. À noter que la mélatonine n'est pas remboursée par la sécurité sociale.

- Une autre possibilité, moins fréquemment utilisée que les autres, consiste pour l'asperger HP à écouter de la musique ou même parfois à écouter (pour éviter l'inconvénient des effets de la lumière bleue) un documentaire sur son téléphone ou une tablette pour s'endormir. Ce n'est conseillé que pour les personnes qui se sentent angoissées par le fait d'être livrées à elles-mêmes le soir. L'absence de sollicitations extérieures le soir, dans son lit, avant de s'endormir, peut être une source de stress pour certains. La personne se sent confrontée à un vide qui est compensé par un cerveau encore plus actif que d'habitude. Dans ce cas, le fait de solliciter un canal sensoriel (auditif ou visuel), peut aider la personne à combler ce vide, ne plus être angoissée et lui permettre de s'endormir normalement.

Dans de rares cas, la personne HP (pas forcément asperger HP) avec un cerveau submergé par trop de pensées le soir, peut avoir tendance à consommer de l'alcool pour « calmer » son cerveau et arriver à s'endormir. Ce n'est évidemment pas la bonne solution car d'une part les effets néfastes sont multiples et d'autre part cela peut entraîner une dépendance à l'alcool qu'il sera parfois difficile de stopper. Il faut bien noter cependant que ce type de consommation constitue une forme d'alcoolisme très particulière dans la mesure où la personne ne consomme de l'alcool que le soir et dans le but de s'endormir. Si elle trouve un autre moyen pour arriver à cette fin, l'alcool disparaîtra de sa vie sans aucun souci.

Utilité d'une thérapie pour l'asperger HP

Une des problématiques de l'asperger HP, liée au fait qu'il rencontre des difficultés à accéder à ses ressentis et ses émotions, c'est qu'il aura énormément de mal à identifier la cause d'un mal-être. Lorsqu'il a réussi naturellement à se construire une vie adaptée à sa particularité alors tout va bien, mais si certains évènements de vie, certains changements dans son environnement personnel ou professionnel surviennent, alors il pourra potentiellement commencer à sombrer dans un mal-être dont il ne pourra pas identifier la cause. Une thérapie lui permettra d'une part de mieux se comprendre et d'identifier ses particularités de fonctionnement, et d'autre part d'identifier les évènements de vie responsables de son mal-être. Une fois que ces situations néfastes pour son équilibre auront pu être mises en évidence, il sera alors possible de mettre en place, lorsque cela est possible, des stratégies pour changer certains éléments de son environnement de vie et d'apprendre à éviter certaines situations délétères dans l'avenir.

J'insiste sur le fait qu'une thérapie, pour un asperger HP, n'a pas pour but de « soigner » la personne, ni de lui apprendre à être normale ! S'il est toujours utile de combler les lacunes de compréhension des codes sociaux pour certains asperger HP, il ne faut pas oublier qu'ils n'auront jamais accès à certains concepts, que certaines situations seront de toute façon anxiogènes pour eux. L'idée est de les accompagner dans la connaissance d'eux-mêmes, qu'ils puissent comprendre leur différence, de les aider à mieux organiser leur environnement afin d'écarter ces éléments anxiogènes qui leur pourrissent la vie. Le concept de « à force, il va s'y habituer » est la plupart du temps totalement contreproductif lorsqu'on veut accompagner un asperger HP vers un mieux-être. Certains pourront s'adapter à des situations nouvelles, d'autres non. Par exemple, en ce qui concerne les transports en commun pour un jeune asperger HP : dans tous les cas ces transports seront une source d'angoisse les premières fois qu'il les prendra, mais certains arriveront à s'y habituer avec du temps, alors que l'angoisse restera identique au premier jour pour d'autres, même après plusieurs mois ou années de pratique. De même, essayer de faire faire les courses un samedi après-midi dans une grande surface sans être trop submergé est peine perdue pour l'immense majorité des asperger HP, et ce quel que soit le nombre d'essais ou le nombre de séances de thérapie.

Les aides médicamenteuses

De nombreux asperger HP n'ont pas besoin spécifiquement de médicaments pour vivre leur vie plus ou moins sereinement. Un équilibre de vie tenant compte de leurs particularités, de leur différence, en gérant la fréquence et la qualité des interactions sociales peut suffire à être globalement apaisé et à suivre un chemin de vie relativement tranquille.

Cependant, il peut arriver aussi que l'asperger HP se sente submergé, perdu, en détresse face à certaines situations de vie toxiques, que ce soit au niveau professionnel ou de son foyer. Certes, une thérapie peut l'aider à mieux se connaître, se comprendre et est presque indispensable pour accéder à un mieux-être, mais parfois l'environnement de vie ne peut pas être changé et l'asperger HP subit un quotidien qui l'entraîne irrémédiablement vers le fond. Dans ces cas précis une aide médicamenteuse est la bienvenue afin de mettre une distance aux émotions et à lui permettre de mieux tenir le coup face à cet environnement toxique. Le but est avant tout de générer un matelas lui permettant de mieux gérer ses émotions face aux coups reçus de son environnement.

Dans les catégories de médicaments utiles, on peut trouver :

- Les antidépresseurs : c'est, je pense, le médicament indispensable en traitement de fond. Il permet de mettre une distance par rapport à ses émotions, celles qui justement submergent l'asperger HP. Cette distance émotionnelle lui permettra de mieux gérer certaines situations anxiogènes, sa jauge d'énergie se remplissant moins vite dès qu'une situation stressante survient dans sa journée. Comme pour n'importe qui, il est nécessaire de trouver la bonne molécule correspondant à la personne : le bon antidépresseur est celui qui n'a aucun effet secondaire, vous êtes vous-même, mais moins impacté par la charge émotionnelle qui vous submergeait d'habitude.

- Les anxiolytiques : Ils sont utilisés pour gérer une situation immédiate. Contrairement aux antidépresseurs qui agissent sur le long terme et mettent plusieurs jours, voire semaines avant d'atteindre leur objectif, un anxiolytique agira très rapidement, en moyenne entre 5 à 15 minutes. Il peut donc être utilisé comme « si besoin » pour faire face à des situations particulièrement angoissantes, ou en anticipation de ces situations. En général, ils sont utiles en début de traitement, le temps que les antidépresseurs fassent leur effet. Après quelques semaines, ils ne devraient quasiment plus être utilisés. Là encore, le dosage et le bon anxiolytique devront être adaptés au patient afin qu'ils l'apaisent, mais sans générer de léthargie trop importante.
- Les somnifères : étant donné que le sommeil est très souvent un problème pour les asperger HP, les somnifères font souvent partie de la panoplie médicamenteuse prescrite. Malheureusement, dans certains cas il est vraiment difficile de trouver un somnifère efficace, surtout lorsque la personne monte à 130 pulsations minutes à plusieurs moments de la nuit.
- Les régulateurs d'humeur : dans quelques cas ils peuvent complémenter un antidépresseur lorsque l'asperger HP a vraiment beaucoup de mal à stabiliser ses émotions. Dans ce cas ils jouent le même rôle que l'antidépresseur, à savoir mettre une distance par

rapport aux émotions. Certains médicaments dit « antipsychotiques », à faible dose, peuvent avoir la fonction de régulateur d'humeur : cet aspect effraie parfois les patients qui croient qu'on les met dans la case « fou » ou « délirant ». Il n'y a pourtant aucun délire sous-jacent et aucune crainte à avoir quant à son état psychique, il s'agit simplement d'une autre façon de mieux gérer son émotivité débordante.

- Les bétabloquants : ce sont des médicaments qui permettent de faire baisser le rythme cardiaque. Or justement, d'après mon expérience, de nombreux asperger ont une fréquence cardiaque assez élevée, comprise souvent entre 80 et 100 pulsations par minute. Ces bétabloquants permettent de revenir à un niveau plus bas, et de ce fait limitent la production d'adrénaline. La personne est donc plus apaisée et, qui plus est, les autres médicaments qu'elle peut éventuellement prendre ont un effet plus important, la quantité d'adrénaline étant moindre. J'ai pu constater que le Propranolol avait cet effet désiré et permettait dans plusieurs cas de limiter la prise d'autres médicaments antidépresseurs ou anxiolytiques.

Si ces médicaments peuvent aider l'asperger HP à être moins impacté par ses émotions, il ne faut pas oublier que la variabilité émotionnelle dépend en grande partie du contexte de vie de la personne. Ainsi, même si un traitement semble bien aller pendant plusieurs mois, un évènement imprévu pourra complètement déstabiliser l'asperger HP. Ce n'est pas pour autant que son traitement doit être remis en question : dans ce cas, il peut suffire de n'augmenter que provisoirement la quantité d'anxiolytique le temps que la situation soit digérée ou soit revenue à la normale.

Il ne faut pas oublier non plus que ces médicaments ne doivent être utilisés que comme des béquilles sur un chemin de vie chaotique. Il faut toujours essayer de comprendre quelle est la problématique de l'asperger HP, quelles situations génèrent son mal-être et essayer d'y remédier soit par une thérapie, soit en modifiant certains éléments de son environnement. Le but est donc, si possible, que la personne aille bien sans ces médicaments.

Comment vivre avec un asperger HP

Il n'y a pas à proprement parler, bien sûr, de modèle préétabli pour avoir une vie de couple harmonieuse avec un asperger HP, mais quelques conseils peuvent, je pense, arrondir un peu les angles et permettre de grandement améliorer le quotidien. Un des postulats fondamentaux est que s'il y a un asperger HP dans le couple, l'autre est forcément HP ou asperger HP, mais dans tous les cas hypersensible aussi. À ma connaissance un HP et un non HP ne pourront pas réellement partager une vie commune harmonieuse sur plusieurs années, la non-concordance de leur sensibilité ne permettant pas une réelle complicité entre eux.

La première des choses est d'accepter l'autre avec ses qualités et ses défauts et de bien comprendre que certains défauts relèvent de l'impossibilité et non pas d'un manque de volonté ou de « je-m'en-foutisme ». Même si cela peut sembler aberrant pour l'autre, l'asperger HP peut ne pas savoir faire certaines choses et ne pas être en mesure de progresser dans leur apprentissage. Par exemple, j'ai pu observer certains asperger HP qui n'ont jamais été capable de laver la vaisselle correctement. Pour eux, juste passer un verre sous l'eau c'est le laver, et ce même s'il reste des salissures dessus, ils ne les voient pas tout simplement. Même lorsqu'on leur montre, qu'on essaie de leur apprendre, rien n'y fait, il y a aucune progression dans le domaine. Dans ce cas précis, plutôt que d'en vouloir à l'autre et d'aller de conflit en conflit, le mieux est d'accepter qu'il ne sache pas laver la vaisselle et de lui demander de faire d'autres tâches dont il pourrait s'acquitter normalement. Il en est de même pour d'autres problèmes : ne pas pouvoir faire les courses, être angoissé par la visite d'amis pendant tout un week-end, être incapable de prendre rendez-vous avec un médecin au téléphone... autant de petits détails de la vie quotidienne qui ne posent normalement aucun souci aux gens et qui peuvent représenter une angoisse terrible pour l'asperger HP. Là encore, plutôt que de le forcer à aller contre sa nature, le mieux est de s'adapter, de trouver des biais pour prendre en considération son handicap. Les courses sont un problème ? Faites un drive. La visite de vos amis vous stresse ? Autorisez-vous à vous isoler plusieurs fois dans le week-end dans votre chambre plutôt que d'affronter la situation en continu, de finir le week-end sur les rotules... et de devoir enchainer avec une semaine de travail ! Vous stressez à l'idée d'appeler le médecin ? Demander de faire cela à votre conjoint pour qui cela ne représente vraiment aucune difficulté.

Il faut toujours bien intégrer le fait qu'être asperger HP constitue un handicap social, au même titre qu'une personne en fauteuil roulant est handicapée physiquement. Dans les deux cas ce handicap empêche la personne de faire certaines choses. Si la situation est évidemment acceptée pour une personne en fauteuil roulant car cela se voit et qu'on comprend parfaitement qu'il ne pourra pas se lever de son fauteuil et courir un 100 mètres, il faut également accepter que l'asperger HP ne puisse pas faire face à certaines situations, même si cette différence à la normalité est invisible. Lorsqu'on vit avec un asperger HP, il est donc fondamental de l'accepter avec sa différence et de ne pas lui en vouloir pour ce qu'il est incapable de faire. Si certaines choses sont impossibles à accepter, alors la notion de couple doit être remise en question car il est peu probable qu'il y ait une amélioration de la part de l'asperger HP.

La deuxième chose importante pour vivre en harmonie dans un couple comprenant un asperger HP est de comprendre son mode de fonctionnement et de s'adapter à son hypersensibilité. Nous l'avons déjà évoqué, on peut considérer un mode de fonctionnement similaire à celui d'un animal sauvage et blessé. Certaines attitudes, certains comportements, certains traits de caractères pourront constituer des « menaces » pour l'asperger HP. En particulier, le ton de la voix du conjoint est très important : un ton un peu trop agressif, ou même simplement trop vif, peut être pris par l'asperger HP comme une agression, même si ce n'est absolument pas l'intention du conjoint. Lorsqu'un couple se retrouve le soir après une journée de travail, pour peu que l'homme ait eu une journée particulièrement dure, il peut employer involontairement un ton sec dans ses échanges avec sa femme asperger HP, ce qui pourrait induire chez elle une sensation d'agression. Elle-même dans ce cas pourrait hausser le ton et générer par effet rebond une dispute alors qu'il n'y avait à la base aucun ressentiment de part et d'autre. Crier est généralement contreproductif dans n'importe quelle situation, mais ça l'est encore plus face à un asperger HP. Si le ton monte, il est important que l'un des deux protagonistes prenne le recul suffisant pour dire « stop, on ne se comprend pas à cet instant, on reprendra cette discussion un peu plus tard ».

Voici quelques exemples de situations de la vie courante et la façon d'aborder un asperger HP pour éviter de trop le submerger dans la plupart des cas (des exceptions sont toujours possibles !) :

- Situation : vous voulez aller au cinéma un soir avec votre conjoint (ou un ami, votre enfant, un parent...) asperger HP. À ne pas faire : lui faire la surprise en lui disant à 19h00 : « tu as 10 minutes pour te préparer, on va au ciné ce soir, j'ai déjà tout organisé, ça va être super !! ». Dites plutôt un ou deux jours avant la date que vous souhaitez : « je te propose d'aller au ciné après-demain. Il y a ce film qui pourrait te plaire, mais on pourra en voir un autre si tu veux. Je m'occuperai de l'organisation du repas, on partira à 19h30 pour la séance de 20h00, c'est moi qui conduirais et on sera de retour vers 23h00 de façon à ne pas être trop fatigués pour le lendemain. Je ne te demande pas de réponse de suite, prends le temps de réfléchir. Et si tu es fatigué on pourra toujours annuler même au dernier moment, ça ne pose pas de souci. »

– Situation : vous voyez votre conjoint asperger HP reclus sur lui-même, visiblement n'ayant pas le moral et légèrement angoissé : vous essayez alors d'entamer la conversation pour savoir ce qui ne va pas. À ne pas faire : le forcer à vous dire ce qui ne va pas, surtout si vous employez un ton de voix qui pourrait sembler agressif, ou trop intrusif. Employer des phrases du style « Il faut que tu parles pour aller mieux, tu dois bouger un peu, ne reste pas avachi comme ça ! ». Les obligations dans ce cas sont contreproductives, il faut laisser du temps à la personne. Votre rôle consistera à l'apaiser avant tout pour qu'il puisse vous dire ce qui ne va pas. Juste rester à côté de lui, le rassurer par votre présence, le rassurer en lui disant qu'il parlera quand il en aura envie, que rien ne presse.
– Situation : lors d'une réception entre amis, vous remarquez qu'un de vos amis, asperger HP, reste dans son coin et n'a pas l'air dans son assiette. À ne pas faire : aller le chercher et essayer coûte que coûte de l'emmener vers le groupe en essayant de lui donner de l'énergie : « allez, bouge-toi un peu ! Ne reste pas dans ton coin ! Viens, je vais te présenter à tous mes amis ! ». Essayez plutôt de passer un moment avec lui, de discuter calmement, éventuellement en vous isolant un peu pour lui laisser le temps de régénérer

dans un endroit calme. Lorsqu'il semble plus apaisé, lui proposer alors de l'accompagner manger un morceau au buffet, parmi les autres, en le rassurant du fait qu'il n'est pas obligé de parler avec les autres : juste les écouter serait déjà très bien.

Il sera de même important de respecter les moments où l'asperger HP aura besoin de s'isoler à la suite d'une charge émotionnelle trop importante. Dans un logement, il aura besoin d'une pièce à lui si possible pour lui permettre de régénérer. Le côté fusionnel, où l'on fait tout à deux, qui peut exister au début d'une relation de couple est rarement le mode de fonctionnement naturel de l'asperger HP après quelques temps. Il faut juste l'accepter comme étant pour lui un besoin impérieux et non pas une distance qui s'installe dans le couple. Dans de nombreux cas, le mode de fonctionnement des couples comprenant un asperger HP est « chacun chez soi » : chacun conserve un logement indépendant et se voit régulièrement chez l'un ou chez l'autre. Cela peut durer ainsi des dizaines d'années parfois.

Un asperger HP sera également rarement moteur dans son couple, ce n'est pas dans sa nature. Il est probable qu'il aura besoin de son pilier pour se sentir bien et que la relation soit relativement asymétrique dans ce que l'un apporte à l'autre, tant sur un plan matériel qu'affectif. Pour le conjoint, il sera donc important de ne pas attendre plus de la part de l'autre que ce qu'il est en mesure de lui fournir.

Cela demande donc quelques sacrifices, ou plutôt quelques adaptations, pour pouvoir vivre sereinement avec un asperger HP. En revanche, celui-ci doit également intégrer le fait qu'il a un mode de fonctionnement qui diffère de la normale et il doit bien comprendre que son conjoint peut ne pas fonctionner de la même manière. Il doit également être en mesure de respecter l'autre dans sa diversité, en particulier en ce qui concerne le besoin d'avoir une vie sociale plus riche que la sienne. Si pour l'asperger HP voir des amis une ou deux fois par mois suffit, il n'en est pas forcément de même pour la personne HP qui aimerait en voir beaucoup plus souvent. Dans ce cas il suffit que l'asperger HP laisse sortir plus souvent son conjoint sans lui et que le conjoint en question accepte que certaines activités sociales ne puissent pas se faire avec l'asperger HP.

Cette compréhension de la différence de l'autre est réellement la base indispensable au bon fonctionnement du couple. Malheureusement, il existe un cas de figure où cette harmonie sera impossible : dans le cas où l'asperger HP a intégré un modèle de fonctionnement, un bouclier social, de type pervers narcissique. Dans ce cas le besoin de contrôle est tel qui ne laissera que très peu de liberté d'action à l'autre, aura tendance à se victimiser et à rabaisser l'autre dès que le conjoint aura une attitude qui ne correspond pas à ce que l'asperger HP désire. Il ne peut pas concevoir que le problème vienne de lui, toute situation anxiogène est forcément, pour lui, la faute des autres. Ce genre de profil ne veut pas, ne peut pas accepter qu'il s'agisse d'un handicap social et aucune remise en question, aucune introspection n'est possible, ce qui rend caduque toute amélioration de l'entente au sein du couple. Seule une séparation, si elle est matériellement possible, est souhaitable dans ce cas précis, en particulier pour extraire le conjoint soumis de l'emprise de l'asperger HP ayant intégré un mode de fonctionnement toxique. Je tiens à préciser qu'il y a, à ma connaissance, autant d'hommes que de femmes ayant ce type de profil, même s'ils restent en nombre heureusement très limité.

Comment interagir avec un collègue de travail asperger HP

Dans le cadre professionnel, le type d'asperger HP qui peut éventuellement poser souci correspond à deux types particuliers : il y a l'hyper anxieux qui a besoin de tout contrôler et il y a la personne réservée, dans son coin, qui ne sait pas communiquer.

Dans le premier cas, il s'agit d'une personne qui n'a pas confiance en elle, qui stresse énormément dans la plupart des situations, qui a besoin d'avoir un contrôle sur ce qui l'entoure pour se rassurer. Dans le cadre professionnel, elle aura tendance à vouloir tout faire elle-même, il peut y avoir des problèmes pour déléguer certaines tâches ou accepter que les autres aient une façon de faire les choses différentes de la sienne. De plus, les responsabilités lui font peur, même si elle les a acceptées, par exemple lors d'une promotion, n'ayant pas réussi à anticiper le stress que cela allait générer chez elle.

La seule possibilité d'agir avec une telle personne est d'aller dans son sens le plus possible, en comprenant que son agressivité éventuelle n'est pas tournée vers vous, mais est la résultante de son stress et de son manque de confiance en elle. En agissant de la sorte, vous allez la rassurer et elle vous en sera reconnaissante la plupart du temps. Peu à peu un climat de confiance peut s'instaurer et vous pourrez alors essayer de glisser quelques idées par-ci par-là pour assouplir un peu ce mode de fonctionnement trop rigide. D'une certaine manière, vous pouvez l'amener à se reposer sur vous pour certaines tâches, et de ce fait lui enlever une partie de son stress. Mais pour cela vous devez être dans sa bulle d'asperger HP, donc gagner sa confiance en ayant cette approche de l'animal sauvage et blessé.

Dans le deuxième cas, celui de la personne ne sachant pas communiquer, l'approche peut être similaire dans la mesure où le manque de communication réside souvent dans le manque de confiance en soi : la personne a peur d'être confrontée aux situations sociales, peur de mal comprendre les consignes, peur de mal se faire comprendre ou d'être jugée par le regard des autres. Elle aura donc tendance à rester dans son coin, ne pas demander un service lorsqu'elle en a besoin, se débrouiller par elle-même, et lorsqu'elle essaiera de communiquer le stress pourrait la rendre très maladroite dans sa communication. Le maître mot, là encore, est de rassurer la personne, lui faire comprendre que vous ne la jugez pas, que vous comprenez ses difficultés de communication et que vous les acceptez. D'une menace potentielle, vous devez vous transformer pour elle en une forme de soutien, mais toujours sans forcer les choses, en proposant votre aide sans jamais l'imposer et en laissant le temps à l'autre personne de l'accepter. Alors elle pourra s'autoriser à venir vers vous, à vous demander de l'aide ou un conseil, et à s'exprimer normalement avec vous car elle ne craindra plus mal faire.

Ceux deux cas de figure s'appliquent à l'asperger HP dans le cadre professionnel, qu'il soit collègue ou à position hiérarchique différente de la vôtre. Comme toujours, ces schémas ne sont uniquement valables que si l'asperger HP n'utilise pas un bouclier social de type pervers narcissique, auquel cas il est peu probable qu'un quelconque rapprochement soit possible.

Conclusion

Bien loin des stéréotypes rattachés à l'autisme, je perçois donc ce profil, que j'appelle asperger HP, comme faisant partie du spectre de l'hypersensibilité. Il s'agit simplement de personnes particulièrement hypersensibles qui ont besoin de protéger leur hypersensibilité par une armure anti-émotion, cette armure générant des difficultés dans certaines situations sociales et dans l'accès à leur ressentis émotionnels. En fonction du degré d'hypersensibilité, l'armure peut être plus ou moins épaisse, et l'histoire de vie de la personne a pu lui permettre d'intégrer certains modèles d'interactions sociales, d'où la grande diversité des personnalités correspond à une personne asperger HP.

Ce profil, au sens où j'ai essayé de le définir à travers cet ouvrage, est actuellement très peu connu. Il est peu connu de la population en général, peu connu des spécialistes de la santé mentale, peu connu des gens qui correspondent eux-mêmes à ce profil. Pourtant, de ce que j'ai pu observer grâce à mes patients, cette problématique concernent de nombreuses personnes qui sont en quête d'identité, en souffrance ou simplement qui cherchent à comprendre le décalage qu'elles subissent dans de nombreuses situations sociales.

Au fil des séances que j'ai pu mener dans mon cabinet, je me suis rendu compte que la connaissance de ce profil, son appropriation par la personne concernée et son entourage, était fondamentale dans cette quête d'identité et de sens qui s'origine dans une certaine forme de mal-être. Bien sûr, bon nombre asperger HP ont réussi à trouver un équilibre de vie qui leur convient et ne ressentent probablement pas ce mal-être. Mais pour tous les autres qui se questionnent et cherchent à comprendre pourquoi ils se sentent différents des autres depuis leur plus tendre enfance, j'espère que les informations apportées dans ce livre leur permettront de se reconnaitre et de faire un pas de plus sur le chemin de leur identité. J'espère aussi que cette connaissance permettra à leur proche de mieux comprendre certaines particularités de leur fonctionnement et d'apaiser les relations entre eux et la personne asperger HP.

Par ailleurs, Il me semble important de chercher à d'élargir ce champ de connaissance correspondant à ce profil particulier. La prise en considération de ce handicap par les organismes de santé publique et les professionnels de santé, ainsi qu'une adaptation des aides qui pourraient être apportées, lorsqu'elles sont justifiées, me semblent indispensable à l'accompagnement de ces personnes présentant ce handicap et qui sont en souffrance, car aujourd'hui les solutions proposées se bornent souvent à l'obtention de l'Allocation Adulte Handicapé dans quelques cas. Cette aide, évidemment utile pour certains cas précis, devrait être mieux ventilée entre ceux qui pourraient et qui demandent à travailler à mi-temps avec un complément de revenu, et ceux qui devraient en bénéficier car dans l'impossibilité de travailler et qui n'en bénéficient pas car ils ne rentrent pas dans les cases.

Le dernier objectif de ce livre est donc également de sensibiliser les différentes personnes intervenant auprès des personnes asperger HP en difficulté afin d'améliorer l'accompagnement dont elles pourraient bénéficier, que ce soit sur un plan financier, logistique ou relationnel.

Foire aux questions (FAQ)

Est-ce que ce terme d'asperger HP est bien choisi pour décrire ce type de personnalité ?

J'aurais pu employer une autre appellation faisant plus référence à l'hypersensibilité, mais je voulais conserver la notion de handicap dans l'esprit des gens. Or, pour beaucoup de personnes, asperger est relié à l'autisme et donc à un handicap. En revanche, l'hypersensibilité est pour le moment souvent perçue comme un « phénomène à la mode » et peu pris en compte. Si j'avais employé une autre terminologie, il en aurait été de même : mettre un mot inconnu sur une problématique méconnue n'aurait, je pense, pas suscité l'intérêt des gens, en particulier chez les professionnels qui sont confrontés très régulièrement à cette problématique. Je me suis donc résigné à utiliser ce terme d'asperger HP, sachant que ce n'est qu'un mot : ce qui compte c'est la description qui en est faite et la compréhension de ce handicap qui permettra, je l'espère, d'apaiser et d'accompagner les personnes qui en souffrent.

Dans votre ouvrage, vous ne citez aucune référence bibliographique, sur quoi vous reposez-vous pour établir ce que vous dites ?

Comme je l'ai indiqué en introduction, il ne s'agit pas d'un document de recherche, mais de constatations empiriques sur ce que j'ai pu observer. À l'heure où j'écris ces lignes, j'ai eu l'occasion de discuter avec un peu plus de 500 patients qui présentaient un fonctionnement cognitif similaire. Cela représente des milliers d'heures de discussions d'où j'ai pu retirer certaines caractéristiques, certains invariants, propres à ce profil que j'appelle asperger HP. Certaines caractéristiques se retrouvent dans 95% des personnes ayant de profil, d'autres dans une proportion plus restreinte. J'ai pu également appréhender, au travers de l'accompagnement mis en place auprès de ces personnes ce qui fonctionne avec eux, et ce qui ne fonctionne pas, pour les emmener vers un mieux-être. Je me contente donc de transmettre mes observations qui pourront servir, pourquoi pas, à des éléments de recherche plus formelle par la suite.

Est-ce que, à travers le profil que vous décrivez, tout le monde n'est pas un peu asperger HP ?

Non bien sûr ! Si l'on pose les différentes questions concernant les HP ou les asperger HP, toutes les personnes interrogées ne se reconnaissent pas dans ces profils, en particulier le sentiment de décalage par rapport au monde ou ce cerveau qui fonctionne trop vite et ne s'arrête jamais. En revanche je pense qu'il y a beaucoup plus d'hypersensibles dans la population qu'on ne peut le lire dans la littérature ou sur internet. Un pourcentage d'hypersensibles d'environ 15 à 20% de la population me semble pertinent, de même qu'un pourcentage d'environ

5% pour les asperger HP me semble cohérents. On est très loin des 2,3% de la population pour les HP définis par un minimum de 130 de QI et des 0,5% d'asperger que l'on peut lire parfois. Il est clair qu'il n'y a pas 5% d'autistes dans la population en général, ni même 0,5% de personnes atteintes d'un TSA (trouble du spectre autistique) tel que défini dans le DSM-5. Ces 0,5% correspondent cependant, à mon avis, aux personnes présentant certaines particularités stéréotypiques que l'on peut retrouver chez des personnes présentant un autisme classique, ce qui regroupe une faible partie des asperger HP tels qu'ils sont présentés dans cet ouvrage.

Quelle est la différence entre un asperger HP et un asperger classique ?

Selon mes observations, l'hypersensibilité est un continuum : on est un peu hypersensible, beaucoup, ou trop. Lorsqu'on l'est trop, la personne doit se protéger par cette armure anti-émotion que nous avons défini. Cette armure est plus ou moins épaisse selon la place qu'occupe la personne dans ce continuum d'hypersensibilité et son histoire de vie. Une armure « légère » induira des difficultés d'accès aux émotions et un décalage social modéré. Une armure plus épaisse, car une hypersensibilité vraiment très importante, induira des difficultés accentuées, un sentiment de décalage vis-à-vis des autres assez important, ainsi que le besoin accru de rituels d'apaisement contre l'anxiété latente. Dans ce cas, on retrouvera une personne présentant des caractéristiques de ce qu'on appelait un asperger dans le DSM-4. Mais selon moi, il n'existe pas vraiment d'asperger classiques : à partir du moment où il n'y a pas de retard mental, les personnes présentant des traits caractéristiques d'un TSA sont simplement des gens particulièrement hypersensibles qui ont mis en place un mode de fonctionnement émotionnel les protégeant du monde qui les entoure. Un asperger classique serait donc simplement un asperger HP plus marqué, avec une armure plus épaisse.

Un asperger HP peut-il avoir plusieurs boucliers sociaux ?

Oui, je l'ai déjà constaté, mais pas n'importe lesquels. Un bouclier social de type pervers narcissique ne pourra pas être compatible, je pense, avec un bouclier social tourné vers la relation d'aide par exemple. En revanche, j'ai assez observé certains asperger HP avec un bouclier travail qui, dans leur foyer, étaient avec un bouclier basé sur la relation d'aide vis-à-vis de leur famille. Ce sont des personnes qui travaillent énormément, pour qui le travail a une place centrale dans leur existence, mais qui sont dévouées aux besoins des autres membres de leur famille lorsqu'elles sont à la maison : leur propre besoins, activités ou centres d'intérêt sont très restreints, voire inexistants. On peut évidemment imaginer d'autres combinaisons de boucliers sociaux, adaptés selon les situations sociales. J'ai eu l'occasion de rencontrer une jeune asperger HP qui avait des « costumes » qu'elle enfilait selon les situations : elle endossait un certain type de personnalité prédéfinie et chacune (il y en avait six) avait un nom. Il ne s'agit aucunement d'une personnalité multiple dans la mesure où cette jeune femme savait parfaitement que ces personnalités correspondaient à des rôles et qu'elle décidait consciemment du costume qu'elle allait utiliser en fonction de la situation sociale rencontrée.

Est-il pertinent de faire valoir sa RQTH auprès de son employeur ?

Grande question, à laquelle malheureusement il n'y a pas de réponse universelle. Une RQTH (reconnaissance en qualité de travailleur handicapé) est sensée attester que vous avez un handicap, et donc justifie auprès de votre employeur que vous ayez droit à certains aménagements de postes auxquels les autres employés n'ont pas droit. Cela nécessite à la fois des efforts plus ou moins conséquents pour l'employeur, et surtout une volonté de la prise en considération du handicap en question. Sur ce dernier point, on se heurte encore, malheureusement, à un manque de crédibilité face à ce handicap invisible. Dans la mesure où l'angoisse face à certaines situations est totalement incompréhensible pour une bonne partie de la population, cette angoisse est souvent perçue comme de la comédie ou une recherche de profit. Une autre difficulté associée à la présentation d'une RQTH pour un syndrome d'asperger est l'association immédiate avec l'autisme : en l'absence de connaissance sur cette différence, l'employeur risque fort de vous mettre dans la catégorie « autiste » et, pour le moins, de vous enlever certaines tâches ou responsabilités que vous seriez pourtant parfaitement capable d'assumer. On assite donc parfois à une certaine forme de « mise au placard ».

À moins d'avoir vraiment confiance dans son employeur, la mise en avant d'une RQTH ne doit se faire, selon moi, que si vous êtes dans une situation professionnelle très compliquée et sur une pente descendante en termes d'énergie. Concrètement, si vous sentez que sans certains aménagements de poste vous risquez de sombrer et de ne plus tenir, alors oui bien sûr il faut essayer de faire valoir sa RQTH. Si vous tenez le coup, pesez bien le pour et le contre avant d'en parler à votre patron.

Remerciements

Je remercie tout particulièrement le docteur Antoine Edou, médecin psychiatre et ami, qui m'a fait confiance dès mes débuts de thérapeute et qui m'a permis de rencontrer les centaines de patients auprès de qui j'ai pu apprendre ce que j'ai relaté dans cet ouvrage.

Je remercie également pour leur confiance tous les asperger HP que j'ai accompagné, en particulier Adrien, Alexie, Aline, Claude, Clémentine, Frédérique, Laury, Sophie, Thomas et tant d'autres. Merci pour nos séances et nos échanges, toujours riches, qui m'ont permis d'appréhender ce monde, caché de tous (et parfois d'eux-mêmes !).

Un immense merci à mon ami Paul Demoulin, dit Toshiie, pour ses illustrations.

Enfin, un grand merci à mes amis et ma famille pour m'avoir soutenu et encouragé tout au long de l'écriture de cet ouvrage.

Table des matières

Dépôt légal juillet 2025

Librinova

www.librinova.com

Achevé d'imprimer chez SoBook le 27-08-2025
Linselles - France

Nos papiers sont issus de forêts gérées durablement

N° impression : 985 705